我爱问连岳 9

I Ask Lian Yue

连岳 著

东方出版中心

图书在版编目（CIP）数据

我爱问连岳.9 / 连岳著. 一上海：东方出版中心，2022.7
ISBN 978-7-5473-1998-7

Ⅰ. ①我… Ⅱ. ①连… Ⅲ. ①随笔－作品集－中国－当代 Ⅳ. ①I267.1

中国版本图书馆CIP数据核字（2022）第077655号

我爱问连岳9

著　　者　连　岳
责任编辑　张芝佳
装帧设计　钟　颖

出版发行　东方出版中心有限公司
地　　址　上海市仙霞路345号
邮政编码　200336
电　　话　021-62417400
印 刷 者　山东韵杰文化科技有限公司

开　　本　890mm × 1240mm　1/32
印　　张　10
字　　数　187千字
版　　次　2022年7月第1版
印　　次　2022年7月第1次印刷
定　　价　56.00元

目 录

爱情之问

爱的本质是两个好，
自己变好，
也盼望爱的人变好

家庭之问

所有的成功，
都是从负责任开始

教育之问

成长不只是孩子的事，
父母更需要成长

事业之问

认真工作，
坚守原则，
这是职场最佳生存方式

人生之问

人总要先苦后甜，
一点点积累出美好未来

爱情之问

I Ask
Lian Yue
9

爱的本质是两个好，
自己变好，
也盼望爱的人变好

爱要做到两个好

2021－04－11

连叔：

我今年 29 岁，是一名国企员工，有车有房，过着非常普通的生活。她是一个在校研究生，很懂事，学习很好。我比她大 7 岁，她高中毕业我们在一起的，如今已经异地恋五年了（家在同一个城市，她在外地上学，相距 3 000 多公里，寒暑假在一起）。

刚在一起的时候，身边所有的人都觉得我俩长久不了，包括我自己也没抱太大希望。但没想到我们这几年走来，不但很少争吵，还能彼此鼓励对方成为更好的自己，我们把不在一起时的孤单和想念转变为成长的动力。我把烟戒了，游戏也不玩了，每天看看书，写写东西；她脾气越来越好，学习越来越专注，去年从东南大学保送到复旦大学读研。大家的看法都由反对转为羡慕和敬佩。不管面对多大的风浪我们从不埋怨彼此，总是能携手共渡。

然而，目前有个困难横在我们面前，我尝试了很多办法去处理，可现在依然困扰着我。因为快30岁了，家里催婚催得很紧，每天听着妈妈的催促、看着爷爷奶奶期待的眼神，实在难以将自己置身事外。再加上我自己也想早点要孩子，所以，希望能早一些和她结婚生子。

本来我们计划她大学毕业就结婚，但她保研之后情况变了。之前她答应本科毕业结婚，后面改到研一结，现在说今年结，但就目前的进度看，今年大概率还是不行。

想研究生期间结婚要孩子，但一方面她读研的学业压力很大，寒暑假骤减，本身在一起的时间就很短，再加上她父母反对，外部条件很严峻；另一方面，她自己也不想这么早结，觉得自己没有准备好，不想这么早就定下来（她未来去哪儿发展我都是全力支持的，自己也做好了随她离开家乡的准备）。

但如果不现在结，等时机成熟，她做好准备，保守估计，研究生两年加工作两年，还要等四年，届时我已经33岁了，再结婚生子，是我难以接受的，其中的风险也是我承担不了的。

前几天，我趁着小长假去上海找她，又聊到这件事。她说，关键还是她自己不想结。对此，我表示理解，也说了自己的想法。我认为，结婚生子这件事对于她来说，早有早的好处，晚有晚的好处，总体来说早和晚都可以。按我们俩这种情况，我对时间就更在意、更敏感些，理论上应该更向着我。就像她忙，没时间，我就尽量抽空来上海找她一样，哪一方有条件，哪一方就多牺牲一些。她道理能听懂，也很想做些什么，但不知道为什么，就是很难做到。她为此也很痛苦，很自责，很难过，觉得自己无法达到我的期望。

这件事我觉得是因为我和她感情虽然好，但因为长久不见，亲密度和激情只能保持在维持感情基本线上，还远达不到能下定决心结婚的程度。而亲密和激情，又是异地恋难以解决的困局。

这个问题我想了很多，也检讨自己着急结婚这个诉求本身有没有道理。有些时候觉得快30岁确实该着急了；有些时候觉得感情那么好，再等两三年没啥；有些时候觉得什么事都要有个限度……总体来说，我依然想尽力经营好这一份感情，但又在很早之前给自己下了最后通牒，今年结不了就分手。

内心十分纠结和煎熬。

连叔，如何选择？是尽快放弃，还是继续想办法沟通？是继续等待，还是坚定推进结婚的事？

纠结的小胖熊

纠结的小胖熊：

你33岁结婚，她小你7岁，26岁，两人都在合适的年龄，看不出有什么需要纠结和煎熬的。这有什么难以承担的风险？没有。如果你爱她，根本不会在她如此年轻时，还在冲刺研究生学业时逼她结婚。

但你确实相当纠结、煎熬。这情绪的产生，不是源于爱她，而是源于害怕。你的长辈和你都意识到，学业这么优秀的姑娘，智力与见识慢慢打开，你就未必配得上她了。

你害怕失去她。她不再是当年的高中生，再聪明的高中生，都还懵懵懂懂，你大她 7 岁，在智力与见识上碾压她。现在她本科毕业，比原来成熟多了，你不再有优势。她在上海再读几年研究生，找到自己的方向与事业，你年龄虽大，在智力与见识上反而处于劣势。她将比你好很多，这是你恐惧的地方。所以，你希望赶紧用婚姻把她绑定，一结婚马上生个孩子。这样分散她的精力，她不至于变得那么好，或者，即使以后变好了，也早就是你的人，没那么容易离开你。她为什么现在不想结婚？一是还年轻，心思还在读书与事业上；二是意识到了你的这种算计，她也害怕了，想再让时间检验你一下。

人是很聪明的动物，有时候还有第六感，能够瞬间意识到他人内心深藏的真实想法。你的女朋友，又是人类中比较聪明的那一类人，你那点不好意思说出来的算计（我今天替你说出来了，你可能也不会、不敢承认），她早看清楚了。爱的本质是两个好，自己变好，也盼望爱的人变好，缺一不可。你现在缺的不是一，是二，你的心思已经变坏，而且害怕她变好，完全走到了爱的对立面。本质的东西坏了，形式怎么变并不重要，结果都不会是爱。你的当务之急是当个善良的人，真心希望女朋友学业进步，成为更出色的人，这样或许还有一点机会。

祝开心。

连岳

真爱的一个刚性标准

2021－04－22

连叔：

您好！

关注您的公众号已经两个月了，是您的一位读者（我朋友的小姨，她是一位大学老师）推荐给我的，让我梳理您的读者回信，来解决我自己的婚姻困惑。两个月看了不少您的回信，您传输的价值观带有足够的正能量，您真诚地鼓励、规劝每一位来信者，每当看完您的回信，我内心就充满了温暖。小姨鼓励我给您写信，咨询一下您的建议：

我和老公是北漂，我们是本科同学，在北京无房，无户口，我 32 岁，他 34 岁，恋爱十年，结婚四年，我是 211 大学研究生学历，工作五年，他是二本学历，工作八年，目前我年薪 50 多万元，他 10 多万元。老公要跟我离婚，我们没有出轨和背叛，我们感情还可以，他觉得配不上我，极度自卑，有些抑郁了，他已经决定要回他老家工作，录用通知书已经收到（工资跟北京相同），今年 5 月底就回去了。而我回去找不到合适的工作，工资是在北京的五分之一。我只有两个选择：一是离婚，二是跟他回老家。连叔，我该如何选择？

补充信息：

(1) 老公大男子主义，东北人，接受不了目前的收入差距，是个自尊心极强的人。我已经试了所有的办法，都无法让他当个小男人，他自己一直觉得能有所成就，可事实证明他可能就是没有办法挣到很多钱（没有好的学历、证书和大公司的经验）。一年来他都郁郁寡欢，跟我没啥交流，不开心，不快乐。

(2) 这些年来，他研究生没有考上，证书也没有考出来，工作也没有什么大的起色，说为了我来北京，做了自己不适合的行业，现在想转行，又觉得晚了。活着都是为我，丧失了自我，想要找回自我，而找回自我的方式就是离开北京，回到竞争压力小的二三线城市。

(3) 在他老家，我们有一套房子，不用担心什么户口问题、孩子上学问题。而在北京，凭我们的收入，很难在几年内买得起房子，父母都帮不上忙。

(4) 我对他还有感情，我已经习惯了他的陪伴，我不介意他挣钱少，但是我担心他的健康，跟我在北京待下去，他可能会得抑郁症。

我的困惑：

(1) 离婚：我舍不得十多年的感情，我们曾经感情还不错，他曾经对我非常好。大龄二婚剩女，可能要单身度过余生。

(2) 回他老家：收入会大幅下降，他的状态也不一定会好起来，我不甘心放弃北京的工作机会。

连叔，女孩子就应该以家庭为重，尊重老公的意见吗？那我自己的事业和理想呢？我该如何选择呢？

希望得到您的回复，非常感谢。

一个孤独的求助者

一个孤独的求助者：

他的病是观念病，大男子主义就是一种观念，为了符合这个观念，他必须和一个全方位弱的女性成家，而你恰好相反，全方位比他强。

在北京，包括在发达都市区，大男子主义是没有市场的。也就是说，在这种地方，人们见惯了强大的女性，在恋爱与婚姻关系中，对女性比男性强，甚至全方位强，不会认为有什么奇怪的。在北京，有谁会嘲笑你的丈夫？可能更多的是羡慕他找了个好老婆。他在这么友好的环境里都待不住，要逃回老家，其实他最真实的心思只有一个： 离婚。

你跟他回老家，并不是一个选项。一是在北京你强他弱的历史，大家迟早会知道；二是在他老家那个环境里，你不会突然变弱，他不会突然变强，再过几年，你的收入又是他的数倍，全方位碾压他。在那个环境里，他可能真要生不如死。观念有病，到哪里都有病，到一个更适合他生病的环境，他只会病得更重。你委屈自己跟他回老家，在你看来是牺牲，在他看来分明是追杀。你跟他回老家，最后的结局也一定是离婚。

真爱有一个标准，就是必然希望爱的人比自己强，就像父母都希望孩子比自己强。恋爱与婚姻也一样，你总是因为一个人的强而爱他，这个强可能是颜值，是能力，是才华，是成就，是教养，是品格，这些强一直在，一直在增强，你的爱才会基础稳固。若是这些强不在了，消失了，爱也就消失了。害怕对方更好、更强，这种感情属于嫉妒和仇恨，两个人靠得越近，也就越痛苦。或许，他努力过，但是大男子主义的病根太重，改变不了，那你要快刀斩乱麻，趁年轻，赶紧重新开始。

祝开心。

连岳

好人是因，好生活是果

2021－04－25

连叔：

您是我人生路上的贵人，是我跌跌撞撞走在迷雾中让我目标逐渐清晰的明灯。我又遇到难题了，在情与理之间难以取舍。

背景是这样的：我在体制内事业单位上班，月薪4 000多元，是三个孩子的妈妈，大的8岁，上小学，小的双胞胎3岁，上幼儿园，因为孩子爸爸打麻将不顾家（几乎每周有四五天后半夜回家）、对我态度恶劣以及不处理婆媳关系而离婚。确实离婚我也有错，我太容易“爆炸”，他在我这里听不到安慰和鼓励的话，我给他的就是噼里啪啦一顿骂，所以他觉得在外面比在家里轻松。三个孩子的抚养权给了男方，两套房子和车子给我。由于现在住的大房子的装修贷款每月要还6 000元，三个孩子要照顾，以及还有两分感情在，我仍然和前夫生活在一起，也是希望他能改好，再次凑成一个家。离婚后半年他稍微收敛了打麻将的次数，但是对我并没有表现很好。冷暴力，精神隔离，对我的话要么不理睬要么呛回来，不交流，没有能量传递，我有点心灰意冷。在一次吵架中他骂了我，让我彻底寒了心，把他赶了出去，想彻底分了。十天后，他表示认错悔改了，加上因为孩子，还有看到他父亲消瘦的面庞，我们又和好了。但是他始终不提复婚的事。

现在他被单位（国企）辞退了，辞退的原因他自述他是社招，没后台，公司体制不行，候岗池制度不合理，我找到的原因是他怼天怼地怼领导怼同事，工作不在状态。矛盾点在辞退后做什么，他想自己单干，实现自己多年来的愿望（创业），他早就有辞职不干的想法，觉得在别人手底下做事不自由，他也不服管教不听劝，是很执拗的一个人。我的意思是装修贷款还要三年还清，这三年也正是小的上幼儿园花销大的时候，家里经济支撑不起。现在不宜创业，让他找个单位继续上班，家里经不起冒险，也经不起试错。再者，他的心胸很狭窄，容不下也担不起创业路上的方方面面。他要实现个人价值我不肯。但我对自己打击他、反对他实现个人价值的做法又有点不齿，觉得对不起他。想想他现在也很可怜，离了婚，又失了业，但是一看到他自傲自大、心浮气躁又一副无所不能的样子就想踩扁他。

现在是在我们离婚后吵架又和好的状态下他失了业，我觉得我应该一起承担。想问，作为前妻，对他个人创业我要干涉吗？他为什么迟迟不肯提复婚的事？

倔强的一棵草

倔强的一棵草：

你的叙述真是神转折，一通嫌弃后，竟然期待他跟你复婚。

或许他家的经济实力不错，复婚后你才能还上房贷，保住两套房子。但你有更好的办法摆脱入不敷出的困境，你有两套房子，卖掉一套就是了。

他并没有脱胎换骨，浪子回头，状态和离婚前一样，复婚不就意味着回到以前你无法忍受的生活？他照样不负责任，你照样要念叨他。念叨固然让人烦，但这样的丈夫妻子不念叨也不正常。复婚后，要么就是这样互相折磨，要么就是再次离婚。这么难听的歌，为何要单曲循环？

他创业成功的可能性是零。创业成功率本来就不高，成功的创业者，除了各种外因具备，往往要有勤奋、克制与负责任的品质。有责任感，才能经营正业，不碰歪门邪道的东西，才能保护客户与合作伙伴的利益，才能获得信任。能克制，才能在逆境、打击与误解中冷静求生；由着自己的性子，放纵自己的脾气，稍不如意就掀桌子，创业路上活不过半年。你前夫，缺乏这两点。而最基本的勤奋，他也是没有的。勤奋地打麻将，不算勤奋，那是反证工作与生活中的懒惰。你们复婚，再加上他创业，那可能不久之后，所有房子都得卖掉还债。那不如现在卖掉一套，一个人清爽过日子，同时把三个孩子教育好，孩子的抚养权虽然归他，但教育的重任看来还是得靠你。

真正的好婚姻，核心是找一个好人。好人都具有勤奋、克制与负责任的品质，用它们经营婚姻，成功率极高。无需大富大贵，就是两人都按部就班，拿一份普通的薪水，他们的生活也是幸福的。房子、车子、他人的尊重，该有都会有。好人是因，好生活是果。人生的开局给你一个好生活，你不当好人，生活也会变坏。人生的开局很差，当一个勤奋、克制、有责任感的好人，也容易得到好生活。

祝开心。

连岳

穷不是缺点

2021－04－29

连叔：

您好！

我和我男朋友都是农村小孩，爸爸妈妈都是农民，我家经济条件比他家稍微好一些，净身高他 165 厘米，我 159 厘米，长相都是中等水平，我微胖，58 公斤（当然也是和他在一起后胖的）。

我们是普通一本大学的本科同学，1996 年生，2019 年毕业后去深圳，在一起两年五个月。他从事 IT 行业，第一年由于专业不对口等原因月均工资到手 7 500 元，去年 11 月换了公司，月薪到手 1.1 万元，如果加上年终奖年薪大约 18 万元（当然现在还没有到年终，所以还没有拿到）。他工作积极上进，负责任，觉得差不多明年可以进一线“大厂”，对未来和自己很有信心（实际情况我也不清楚）。我毕业第一年在培训机构工作，后来去年 9 月去学校当临聘老师。第一年和他在一起租房，他出钱，第二年我在学校工作包吃包住，一起出去吃饭玩耍还是他出钱。我因为想要成为正编老师（专业不对口）前两天辞职回家考研了。毕业这两年因疫情影响我大约有三个月没有领到工资，他降薪，目前他存款3万元，我存款7万元。我们感情一直比较好，几乎没有吵过架，他一直对我很体贴，很关心，生活中总是以赞美的眼光看待我，对我的很多决定也都很尊重支持，会包容我的小脾气，送我节日礼物，我也会关心他、在乎他，和他的日常相处也很开心。这个五一他准备在武汉看房买房，但是一直以来有三个问题困扰我：

第一，他家的经济问题。这次买房他家可以拿出现金25万元左右，其他都要借钱才可以付50万元左右的首付，而且他爸爸妈妈60多岁了，也很难再还这笔钱。后面如果我们结婚了得我们俩还，月供至少6 500元，他的爸爸妈妈比较老了，等我们有了小孩没有人带，请保姆又得花费一笔钱。我妈妈也一直劝我找个有房的男朋友，不然以后我会很苦很累，还总是给我举身边嫁给没钱没房的男生后来离婚以及过得不好的女孩的例子。我也会担心以后我们的工作不能负担这么大的开销（大约明年或者后年会回武汉，武汉工资不高），生活质量差，会因为经济原因过得不幸福。

第二，有时由于虚荣心作祟，我会在乎他长得不高。

第三，人生这么长，我害怕他一直对我这么体贴会感到累，毕竟照顾体贴别人是累的（虽然我也会对他很好，但是我总觉得他对我更好）。

和他在一起时，在他的鼓励以及对未来生活的展望下，我会相信我们能克服这些现实的问题，会觉得和他在一起开开心心就好，累一点没关系。但是当异地恋这些现实的问题冒出来的时候，我又会在心里思量我们合不合适，我们以后会不会因为经济问题很苦很累，会不会不幸福。我该怎么办呢？是放手还是相信爱情呢？

希望能够获得连叔的指点。祝您和您的家人幸福安康！

谢谢！

迷茫的年轻人

迷茫的年轻人：

你还年轻，难免会犯年轻人可能都会犯的错误：想走捷径一步登天，一下找到一个高富帅，从此过上富足开心的日子。

你男朋友虽然样样好，可是不高不富不帅，穷孩子出身，离你的梦想情人很远。但只从你的描述来看，他大概率是拥有美好人生的，为了嫌弃他，你找到的不足是他“一直体贴”，这也反证出他挺出色的。遗憾的是，人在年轻时，往往不知道人品的力量，容易为外表所迷惑，命运赠她一件无价之宝，她未必有能力珍惜。

也许你会说，我可以找到一个和他一样温柔体贴的，同时高富帅，不是很完美吗？可别人为什么看上你？你也不高，也不美，也是穷孩子。或许有眼光独到的高富帅更看中姑娘的人品，忽视不高不美且穷这些不重要的因素，可是，如果你把现男友甩掉，恰恰证明你人品不怎么样啊。也就是说，在理论上，你都不可能找到一个高富帅。他们若肤浅，你要很美，这你没有；他们若成熟，你要很好，这你也没有。

当然，不是说你现在动摇一下，就是坏人。人就是这么跌跌撞撞成长的，菩萨多是从凡夫进阶而成的。再过 20 年，你可能是一个很好的人，和他过着幸福的生活。你和他现在的穷，都不是缺点。生于穷人家和不高不帅一样，都只是外部不利因素，个人实在不必为此负责。有人战胜这些不利因素健康成长，不卑不亢，有仁有义，不利因素反而成为养料，让他更有力，更深沉。有人由于不利因素变得又卑又亢，不仁不义，那不利因素就是堕落的推力。我们要当前者，无论多富足，在成长的过程中，我们都会遇到不止一次的“穷”。金钱上的穷，只是穷的一种，学业要进步，事业要进阶，关键突破前的孤独感、无力感、不顺感，也是“穷”的一种。困境都是“穷”，只有尽早知道人生得靠自己，才能把一切“穷”变成养料。

好好珍惜你的男友。

祝开心。

连岳

大丈夫，有情而不累

2021－05－16

连叔：

您好！

感谢您每天一篇温暖的文字相伴，始终触及我的内心，给我以踏踏实实生活的感觉。

我是一个离异单亲爸爸，独自带娃两年有余（男孩，10岁，孩子听话且比较优秀）。前段婚姻是对方出轨（没有直接证据，其实是我懒得去查），且对方缺乏基本的儿女心和家庭责任感。两年前在对方出现彻夜不归且连续多日不与孩子交流的情况下，感情破裂，在对方明确表示不愿意回头之后我起诉离婚，经过了一场焦头烂额的离婚官司之后，我和孩子继续走上良性发展的生活轨道。两年多来我努力工作，为了方便照顾孩子我辞职在家从事外语文字翻译工作，有灵活机动的时间可以多陪伴孩子，目前月收入1万元上下（居住在江畔的一个三线城市），有房有车也略有存款（约30万元，为了今后孩子的教育成长在默默积累）。空窗期那么久，毕竟我也还算年轻（刚40岁），虽然与孩子相互陪伴走下去也未尝不可，但内心还是希望能遇到适合自己的人生伴侣共度今生。

今年年初通过朋友介绍认识一个女子，在同一城市，相距半小时车程，情况与我相仿（事业单位工作，也是离异带一男孩，5岁，前夫出轨后她选择要孩子），我们相处了约三个月，双方感情在慢慢升温，互相也明确了各自的情况，双方一有空就见面，我也乐于陪她逛街、看电影、吃饭，毕竟爱情是需要努力经营的，关于男朋友该做的也都尽力做好（比如送鲜花、衣饰等礼物），到了节假日两大两小也一起吃饭玩耍。我们交流顺畅，已约定继续相处半年后再考虑结婚一起生活。今年五一小长假我们郊游了半天，本来约好来我家吃饭，后对方因故取消。目前碰到的感情问题是：

假期结束之后，对方忽然变得很冷漠，微信也不主动回复，总是说自己很忙（开会、开车、在家陪孩子不方便），早中晚是我在致以问候，每日不断，但对方似乎无动于衷，与五一之前的表现大相径庭，冷漠却不提分手，让我很费解。我先在自己身上找原因，目前没发现我出现了什么问题（我问过她，她也没说我做错过什么事情），那么是不是她还没有完全考虑好，抑或是最严重的情况——她变了心，不提分手是想默认分手？我的确是很喜欢她，相处的这段日子也是几年来最开心的时光（陪伴孩子获得的快乐除外），我只是想踏踏实实地继续自己的生活，如果是她背叛承诺，我主动提出分手也未尝不可，体体面面也是男人的一种担当。已经纠结了快一个多礼拜了，烦请指教，希望能得到您的回复，谢谢您！

祝工作顺利，一切安好！

爱足球爱电影爱生活的一枚蜀黍

爱足球爱电影爱生活的一枚蜀黍：

她显然是犹豫了。既然你喜欢她，那给她时间犹豫，第二次婚姻的好处就是更理性、更务实，返璞归真。

她冷了，你一头热，觉得不体面，然后有了怨恨，离开的最后决定，往往是情绪反应。人在第一次恋爱中，会犯这种错误，情绪容易战胜理性。当然，我也不建议你一头热，因为那样确实不体面，效果也不好，对方从厌烦走向轻视，也不利于她的理性。也不能为了挣回体面，报复性地更冷淡，那将演变成潜在的对抗。

此时的最佳策略是镜像反应，她热一点，你热一点，她冷一点，你也冷一点，像面镜子一样。既有体面，又不把她赶走。人比镜子灵活，不是完全的对等反应，可以比她更热一两度。这样的你，又有体面，又有温度，看似被动，实则主动。这种“有情而不累”的方法，只有内心强大的人才可掌握。人不能无情，无情就不是人。爱人、爱家、爱世界，这是人之真情。但爱又会引来固执、焦虑、恐惧，求而不得的痛苦，这是爱的累，爱的连累。有情而不累是这样一种态度与方法：我爱你，但你不接受我的爱，我也不会怎么样。不仅爱人是如此，爱理念、爱世界、爱一切美好都是如此。

你处理第一次不幸婚姻干脆利索，照顾儿子有条不紊，生活工作游刃有余，这样的大丈夫，何患无妻，理当有情而不累。

祝开心。

连岳

去恋爱吧，不要怕

2021－05－20

连叔：

您好呀！在老师兼朋友的推荐下，关注您好久了，很喜欢您在文章中表达的思想，今天来向您求助啦。

我是一名17岁的大一女生，在大学生活中我常常感觉如鱼得水，有了更多的时间去做自己喜欢做的事儿，竞选班干部成功了，参加学院、学校的各种比赛也都拿到了满意的名次，总之，就是还不错。

最近，我遇到了一个很棒的男孩子，严格来说也不是最近遇到的，只是恰好此时他走进了我的眼中。

他是和我同一个学院不同专业的学霸，学习超级认真。上周我参加学院的演讲比赛，有一个视频是他帮我剪辑的，为了表达感谢，我请他吃了零食。

然后，我们的联系就渐渐频繁了起来。他主动加了我的微信，知道我有演讲比赛后，告诉我他会往前面坐一点。他买了一只蜥蜴，问我怕不怕，我说不怎么常见到，就不怕，他说那等送到了，让我摸一摸、喂喂食，说他的蜥蜴应该会喜欢我的。因为是同一个学院的，还是同一个辅导员，所以我们两个班的关系挺好，前几天一起举行了活动，我感觉他应该是喜欢我的（可能是我有点想多了吧），活动结束了，我发现他的微信状态变成了“斯人若彩虹，遇上方知有”。前天我去教室写完作业之后看到他的 QQ 状态是“恋爱中……”。昨天晚上他分享了歌曲给我听，说是他最近循环播放的歌曲，巧的是，歌曲是关于喜欢和恋爱的，就感觉挺神奇的。

在此之前，我对他也就是欣赏其学霸光环，但是现在，我明确感觉到自己喜欢他。

一旦开始喜欢一个人，我就会变得很敏感，很容易影响心情。他长时间不发消息时，我会觉得是不是我想多了，但一边又宽慰自己，他可能是不太好意思总是发消息吧。我是个很外向的人，但是自从意识到自己的心意之后，就有点不敢跟他打招呼之类的。

遇见一个喜欢的人挺不容易的，我不想随随便便说放弃，但是我也不知道怎样才能让我们的关系更进一步。多多少少因为成绩的原因，我还是有一些自卑的，我的成绩在我们班只能算是中间往上一点点，而他是隔壁班绩点排名第一第二的……

迫切地希望能够得到连叔的回复，祝安好！

ZZ

ZZ：

你爱上他了，这就是开始恋爱的充足理由了。成绩只是班级中上，这并非限制，把成绩提高就是了。这也是恋爱的好处之一，它让人有强烈的改善自己不足之处的动力。

他是不是喜欢你，恋爱的那种喜欢，这还不能确定。当你爱上一个人时，你容易过度解读他的信号，把鼓励与善意理解为爱。他是鼓励你的，对你有善意，这个基础也足够了，爱只能从善意与鼓励中升华而成。你要做的，是多接触，常向他请教，请他吃东西，也吃他的东西。像他一样，分享歌曲。而分享讨论自己阅读过的书，能够引发更持久的、深刻的观念交流。但要注意，不要把分享变成讨好，刻意迎合他的喜好，分享的东西未必是你喜欢的、感动你的。这只会让你降格，即使得到了爱，这种小心翼翼的讨好将抑制你的发展，使你失去自我。

爱是你的真实足够有吸引力，知道这点，你就不会害怕，不会累。因为你不必伪装，不必迎合，不会违心顺从多数，也不会违心叛逆多数，你就是一个真实的你，真实的水平，真实的观点，包括真实的困惑。保持这份真心，一起学习，一起玩，一起进步，到了某一刻，你们的手有意无意握在一起，舍不得放开，持续时间长达10 秒以上，那就可以确定，你们相爱了。

爱是需要学习的，大学阶段是学习爱的最好阶段。大学之外的世界，年纪更大的成年人中，有一些欺骗、虚荣、利用、恶意将以爱的名义出现，在那个环境才开始恋爱，成本往往高得多。不是说大学没有这些不利因素，而是比例小得多，多是两个大一点的孩子一起开始探索爱。由于这个年龄段特有的不稳定与多变，这些大孩子的爱，可能来得快，去得也快。今天爱这个人，明天又爱上另一个人，难免也会尝到心碎的感觉。但这并非不值得，因为如何分手，如何心碎后迅速坚强，更珍惜自己，而不是放弃自己，是爱最重要的技能。没这个技能，人就会陷入错误的感情难以自救。人这一生，总会遇上错的人、错的事。世界是发展的，有时对的人与事也可能变成错的，没有分手能力的人，最后总要被某种错绑架走的。所以，会恋爱的人，人生其他一切也会更好。

去恋爱吧，不要怕。如果成了，你学到了爱，两人一生还可以爱那么久，想想都幸福。如果不成，你也学到了爱，将来更不可能错过那个值得爱的人。

祝开心。

连岳

没错，生活就该这样过

2021-05-21

尊敬的连叔：

你好。最近在梳理您的读者来信，希望能给自己指引一个方向。冒昧来信，是因为怀揣着一份侥幸，如果您有空，请帮我看看病吧。

我的问题是关于结婚和金钱观的。我男友的情况：性格开朗乐观，独生子，艺术专业一本毕业，外地人。目前在我所在的二线省会城市当音乐老师，学校很好，以后子女可以在那里上学。他每月四千多元的工资，工作六年没有存款，热爱交际。前年年底他父母出了首付款帮他买房，贷款30年，他父母现在帮他还。我的情况：性格偏执悲观，极端吝啬，不舍得花钱。挺善良的，工作也算认真，喜欢看书，不善交际。以前在北京读了大学和硕士，认识男友且母亲做了一次手术后，放弃北京高校工作，回到家乡，幸运的是找到了本专业的工作，而且比北京工资高得多，也是老师，在大学工作，上课挺累，但是我热爱的。因为不讲究吃饭和穿衣，我毕业三年攒了三十几万元。

我的第一个疑问是：我是不是金钱观有问题？我总想着省一点儿，不必要花的钱不想花，出去吃饭几十块的小馆子挺好，衣服以前的也没坏，不想买新的。不是我忍着，我是真的没什么吃穿的欲望，而且觉得东西多了是一种累赘。但是给家里购置东西，带母亲检查身体我非常舍得，甚至觉得，挣钱就是为了在遇到大事的时候不害怕。这一点可能是受到母亲的影响吧，她总是想给家里人买东西，自己舍不得。但是我男友的家庭不这样，他家比我家条件好一点儿，这么多年很讲究享受，我男友学乐器、考研、找工作都花了家里很多钱，以至于他认识我以后才觉得应该省一点儿。用他朋友的话说，他没缺过钱，自然不知道省钱。这就让我很担心，我总是焦虑，以后没钱生活怎么办，我的工资养家，还要面临父母养老和孩子教育，我希望能有一个厚实的肩膀依靠啊。我这个人对自己和别人要求都高，我希望我的男人比我强，让我仰望，如果他做不到，我控制不住自己的脾气，不尊重他，他会很难受的。

这就是第二个问题：我到底应该和他结婚吗？我们会幸福吗？他对我很好，有一块钱都会想给我花，我又心疼他赚钱不多，所以总是出现两个人抢着付账的情况。去年疫情期间，他被怀疑得了白血病，我当时想的是砸锅卖铁我也要给他治病，好在是虚惊一场。我以前觉得我这么一个悲观的人，遇到这么阳光的他，包容我，照耀我，我可真是幸运，说到这儿，真想哭。可是连叔，人要面对生活，普通的日子需要钱啊，一说到这里，我男友就说我太消极，别人挣几千块钱的也很幸福，没人饿死，攒很多钱，也带不走。可我想的是，如果手头不攒着一点儿，我心里没底啊，而且我现在还喜欢攀比了呢，看到身边的人找的对象不错，我挺灰心的，明知道这样不对，还控制不住。

摆在我面前的选择是：如果要结婚，那么我就得调整心态，改变别人不太可能，我先改变自己吧；如果放弃，我担心遇不到这么善良真诚的人了，真遗憾。哈哈，爬了很多山，发现最难越过的还是生活，以及我这个有些病态的心理啊。请您指教，也请您点醒，像我这种人，怎么才能幸福呢？

纠结迷茫的小鹿

纠结迷茫的小鹿：

你不是吝啬。为了照顾妈妈，放弃北京高校工作的人，怎么是吝啬？男友生病，准备花大钱的人，怎么是吝啬？吝啬的人肯定不会抢着付账。你是一个慷慨的人。

生活节俭，善于攒钱，这不是吝啬。这后面有自律，有智慧。这也是中国人的传统智慧。有那么一段时间，很多人怀疑这个智慧，超前消费，寅吃卯粮。这带来一系列的问题，靠债务生存的年轻人不仅经济上是脆弱的，也必然导致责任感缺失，短期思维盛行，然后是智商的下降，陷入各种各样的骗局，一家出这样的一个人，基本就毁了一半。如果两三代人普遍这么生存，这个国家也就折腾掉了。所以，你是代表着未来，你是必然复兴的主流。没错，更没病。存钱固然不能解决所有问题，但不存钱所有问题都能解决你。

大多数人在你这个年纪，达不到你的高度，他们需要更长的时间学会自律，生长智慧。他们也需要一些外在的压力催生责任感，比如照顾家庭、偿还房贷，都逼迫他们认真工作，量入为出。你男友就是这样一个人。只要他没有借贷消费，透支投资，债务缠身，那吃点喝点，爱玩爱闹，也还是正常的年轻人，没必要看扁他。

当一个人特别聪明，领先得特别多时，他常犯霸道、焦虑的错误，在他看来简单明了的事与理，别人再三再四不会，他难免不耐烦、生气。在亲密关系中，这样做并不会让另一个人进步得更快，只会激起他的不耐烦与生气，抗拒心理一起，进步得更慢了，甚至倒地不走了。这就是聪明反被聪明误。你不能犯这个错误。真正的聪明，既不能丢原则，又要有耐心，给人成长的时间，允许他今天进三步，明天退两步。你把握的方向对了，他总走得远的。等一个人笨笨地往前走，这是爱。

祝开心。

连岳

爱是爱一个人的全部，还是改变一个人？

2021－05－23

连岳老师：

见信好！看您公众号多年，感谢您给予我的人生启迪。我最近也遇到了人生难题，望能得到您的帮助，开解一二。

我与男友在朋友介绍下认识，在一起近三年，实际亲身相处时间 30 天左右，因他仍在欧洲读博，我在北京工作，这一年半更是因为疫情原因不能团聚。其间我们日日视频一两个小时，感情不曾变淡，都是奔着组建家庭的目标去的，我们经常聊对未来生活的期待，买房、生娃、吃喝玩乐等等。

我的男友 1985 年生，去欧洲读博前在国企工作过两年，后来因为从小的“名校梦”选择继续深造，因为专业关系，硕士加上博士一读就是十年。现因课题和导师要求，一直处在延毕阶段，压力不言而喻。

说来他也是幸福的人，父母不曾给过他生活压力，始终在精神、经济上都支持他完成学业。而他的家庭环境也比较简单宽松，培养了他乐观向上的生活态度。他喜欢中国的诗词歌赋，喜欢历史政治，喜欢足球，为人正直善良，谦虚谨慎，待我温柔细心。最重要的是，不曾被社会摩擦的他，有很多人身上没有的少年感。这些都是我深深看中的地方，也是我最开始喜欢他的原因。

我也是幸运的人，家庭和谐富足，父母支持我在北京买了公寓。我的工作中等偏上，自己供按揭，吃好喝好养活自己没问题。我的父母都做生意，我从小耳濡目染他们在社会上摸爬滚打的情形，也曾见他们在事业上遭遇挫折，我从小就深知必须有真正能傍身的能力。性格上，我敢说自己也是正直善良，努力刻苦，热爱生活。

最近他的课题终于到了真正的收尾阶段，大约还有三个月就能回到国内，马上要迎来共同生活。曾经他身上我喜欢的一些优点，现在却令我焦虑：在我们的日常聊天中，他似乎只关心国家大事，每天对中美关系、台湾问题、巴以冲突侃侃而谈，却似乎没有放任何心思在做简历、找工作上，对未来的规划非常迷茫，似乎也不愿意直面挑战，对事业发展的兴致不高。另外他常言爱国，却没有远大的科研理想，当然我也同意他说的，科研需要天赋。我觉得他是一个在象牙塔里的人，心思都是在天上飘着的。我很担忧，担心我们未来的家庭是否大小事都需要我一个人来操心。

连叔，我一直对自己喜欢什么样的人有非常明确的标准。我的男友几乎符合我90%对爱人的期待，这三年来的感情，使他已成为我的精神港湾，他也曾说，是我焐热了他的生活，让他对孤独的人生有了盼头。我爱他，觉得遇到他已是我今生很幸运的事。可偏偏是这10%的落差，困扰着我。

我又自责，怪自己为什么想改变他，我认识他时他已是如此，我也知道世上没有完美的人。可是说不想他改变是假的，在我的认知里，佛系、随心这样的生活并不是最好的，我想要生活热气腾腾，想要靠两个人的共同努力让生活越来越好。我曾坦诚表达我的想法，他只表示自己当下压力真的太大，无心顾及其他，以及他对工作、事业真的没有太大的野心，觉得平平淡淡就挺好。我一方面不喜欢这种丧气话，另一方面也觉得他只是习惯了对生活不抱期待。

连叔，我知道世上没有完美的人，我已经有90分的爱人了，却仍然期待100分的爱情，希望他会改变。坦白说，如果他不愿改变，我大概率还是会跟他继续走下去，因为他身上的其他品质是我更为看中的，我很清楚他身上的闪光点有多难得。而且我也不觉得他是一个毫不讲理、冥顽不灵的人。

只是连叔，我的期待真的错了吗？如果爱一个人，真的就要爱他的全部，完全不应该改变他吗？

一只迷茫的猪

一只迷茫的猪：

综合你的论述，他在谈话中既有天下大事，也有养房生娃，有大有小，不是大而不当的人。再说了，延毕折磨，也是社会折磨的一种，他不算没有吃过苦。他的平淡，你的焦虑，只是两人即将开始婚姻新生活的不安的不同体现。新生活开始了，他也找到新工作了，无论科研也好，教学也好，或是其他什么工作也好，新的轨道自然会将他往前引，不必太担心。

爱一个人，是爱他的全部，还是应该改变他？在你看来，这是个彼此对立的观点，同意了一个，就得否定另一个，许多人的看法也与你一样。而接受任何一个观念，都有人不愉快。爱他的全部，一点也不改变他，你不愉快。老想改变他，似乎娶了个管教，他不愉快。很多家庭也陷入这种似乎无解的冲突之中。

其实，这是一个假对立。爱一个人，既应该改变他，也应该爱他的全部。这只是爱的不同体现。

人是一直在改变的，随着对客观规律的认识，再加上人生积累的势能，有方向上的大改变，也有在同一方向上变得更强，改变是最永恒的人性。爱上一个人，这是改变的最大机缘。爱让人像泥一样软，两人融合在一起，又分成两个新人，你中有我，我中有你，有什么比这改变更大？相爱久了，对方身上的优点，慢慢也会变成自己的优点，像夫妻脸一样。但这改变是软的，非强制的，潜移默化的，春风化雨的。把改变理解为硬的，强制的，唠叨式的，命令性的，对方是软泥，自己永远是石头，天天锤他，那好的改变不会发生，只有坏的改变，不是把他锤跑，就是把他锤死。

我爱他，就爱他的全部。这不是放弃，而是爱到至深的悲悯。人生有遗憾，有意外，有求不得。一个人自律生活，可能疾病更早降临在他身上；一个人上下求索，可能总是找不到答案；一个人努力上进，可能终究默默无闻；一个人勤劳善良，可能无法富贵荣华。爱他的全部，是爱他仁义后的寂寞，是爱他善良后的无助，是爱他精进后的无果，是爱他改变着无法改变，是爱他不向命运妥协。正因为如此，那些拥有完美爱情的人，可能是普普通通的一对老人，在漫长的一生中，他们知道彼此是何等地负责，又是何等地接受彼此的不完美。当一对这样的恋人吧。

祝开心。

连岳

忍无可忍，无须再忍

2021－05－25

智慧连叔：

您好。关注您有七八年时间了。目前我正要做出人生中最重要的一个决定——离婚。我不知道这个决定对还是不对。我的父母是离异，她的父母也是离异且单亲，现在我们也走到了离婚这一步。

我来自河北农村，今年35岁，另一半是北京本地人，38岁，她认为我高攀了。我们都在北京互联网公司工作，由于有储蓄观念，在没有家人资助的情况下，我们购买了两套房产，目前在还贷中。现有一个4岁女儿，正在上幼儿园。

外人看来我们幸福美满，两套房子，工作稳定，孩子北京户口，一切都很符合普通人理想的生活标准。但我们的婚姻在几年前就已出现问题，另一半跟我没有亲密关系，直白点说当家人可以，爱则爱不起来。我体热且打鼾，分房睡已几年时间，这期间基本无性生活和亲吻、拥抱。我们曾经多次吵架，各执一词（我把很多你的文章转发给她，对方对此置之不理）。

这几年由于照顾孩子、包揽家务、工作压力大，自己没了太多需求，偶尔自己解决，最后因为爱她选择了包容和隐忍。

事情发生在年初，由于她年龄原因，工作怠慢，跟领导又有矛盾，后来就被劝退了，当时担心她心情不好，还每晚教她玩滑板散心。接着她去了一家创业公司，然后有了“婚外情”，她主动去追求的别人，对方不知道她有孩子和家庭。我也是陪她锻炼后，帮她拿手机，顺带看她跟哪些朋友有联系才发现的，完全是无心之举。

本该年初就结束的婚姻，由于双方老人的劝和，还有她主动选择断开“婚外情”，并恢复之前缺失的夫妻生活，希望能既往不咎，就这样心照不宣，算是复合了。平日里关系和睦且正常，但亲密关系依然建立不起来，她内心不爱我，所以并不接纳我，夫妻生活推辞、拖延、不耐烦，没有好脸色。我因为她有“婚外情”，跟别人有亲密关系，跟我则没有而大发脾气，要求没有爱就离婚。对方认为我没事找事，是我想离婚而故意为难她。大吵之后她半夜跑了出去，我把她衣物打包一并给她送了出去，后来也不知道她去了哪里。

离婚事宜，非常希望得到您的建议（即便得不到您的回复，我想我的婚姻大概率依然无法再继续下去）。

木纳人

木纳人：

首先，把她找回家。她若不愿意回家，至少要知道她在哪里。

然后，给自己和她几天时间，让生活恢复正常，让情绪回归常态——这常态未必是一般人的平静，而是你们正常生活的状态，可能在他人看来未必是平静。

最后，再谈离婚。我是支持你离婚的。离婚对你们两人都好。只是离婚要在两个人的常态情绪下解决。好合好散，既是对对方的尊重，也是对自己的尊重，更是能力的体现，有能力的人才能分得漂亮。

你要获得女儿的抚养权。从你老婆不负责任的状态来看，在协议过程中，她应该不会和你争。并不是用这点来惩罚她，而是女儿由你抚养，将会幸福成长。你一向照顾孩子，又包揽家务，还能忍让，孩子在你身边不会缺爱。即使不得不上法庭，我想，法官也会倾向于你的。当然，最好不要上法庭。从这点来看，你也需要让老婆恢复平静，好好说话。

在一切不平等的关系中，包括在婚姻关系中，弱势一方，即使他没错，即使他作了牺牲，也永远处于亏欠地位。但弱势者往往会认为：我更努力，我更包容，我对你更好，事情总会往理想状态发展。肝掏出来你吃，你不开心，心再掏出来你吃，你总会开心吧？强势者的思维模式却不是如此：你对我好，那是应该的，因为你欠我，这是还债。你对我越好，越忍让，那越说明你承认欠得多，比我想象的还多，让我更生气了。生气了就要惩罚你，于是对你更坏，胡作非为也无所顾忌，反正，你必会忍让我。这种关系，对双方来说，都是灾难与毁灭。所以，忍无可忍，无须再忍。适度的忍让，是善良，而无原则的忍受，是纵容对方变得更坏，已不是善良。中断不平等的关系，对双方都是解脱，双方都得到了再生的机会。

祝开心。

连岳

相爱的人，是否应共享财务经济？

2021－07－02

亲爱的连叔：

我一直是您的忠实读者，非常钦佩您的睿智与明辨是非的能力。有个困惑一直在我心中，那就是：相爱的两个人，是否应该共享财务经济？我从小受过的教育让我相信，自己赚钱自己用，不能靠别人，因此相爱的人也应经济互相独立。可是近来我对这一点越来越困惑了。

我的情况是这样的：我的老公，年纪大我许多，年薪数倍于我，他之前有过一个家庭，有个女儿。因为我觉得他前半生的积累我没有共同努力参与过，不应该分享，所以坚持努力拼搏、经济独立，只花自己的钱，从不过问他的收入，也不清楚他的财富积累。跟他一起以后生活品质有所提高，但大项的房车支出我还是坚持过自己的独木桥，虽然我不富裕但我一直很努力。由于年龄悬殊，当时所有人都不看好我们在一起。遇到他之前我也全然不信老夫少妻的爱情，但因为我从小没有父亲，他对我关爱备至，我在他身上找到了安全感，我们情感交流很好。他如同精神导师一般是我的情感支柱，也符合连叔您说的真爱唯一标准，就是他一直希望我成为更好的自己，帮助我在各方面成长。我们各自有房，各自有车，平时都很忙，周末节假日小聚，感情维系基本靠发微信，经济上没有牵扯。

困惑我的是，他女儿小不了我几岁，已经成家，经济上却不独立，常常带着他外孙过来找他要钱拿去置办房产，一套接一套，他也是毫无底线、倾其所有地供养她一家。他总说我比他小 20 岁，以后有一天不要他了，他女儿给他养老。之前我总安慰他要相信我们的未来，可是近几年我越发困惑了，相守七年来他还是“君生我未生，我生君已老”的消极态度，原本坚定的我，现在不断反思，是否钱在哪里，心就在哪里？一个男人不与你分享财富就不是真心爱你？他对女儿家的经济支持是否过分，还是应该继续理解他？有时觉得自己可悲、可笑，好像在跟一个女儿争抢父亲，而且每次都为他偏向女儿一边而难过冷战，包括每年春节他要回女儿家过等林林总总的小事，桩桩件件都在消磨我。有时觉得自己过得孤独，在这世上单打独斗艰辛疲累，不知为的什么，自己的晚年更是不敢想该怎样去过，看不到未来，我该放弃吗？求连叔指点迷路的人。

一只迷路羔羊

一只迷路羔羊：

真正好的爱情，财务经济必然共享。命都与你共享了，钱不共享，这合理吗？

人人都在生活中见过一些明争暗斗、尔虞我诈的夫妻，你和这类人共享财务经济，当然会被骗得精光。但这证明人错了，爱错了，是人生悲剧。对他们来说，财务经济无论是否共享，结局都是互相折磨。

相爱的人结为夫妻，即视对方为此生最重要的人。重要到令人丧失独立，你中有我，我中有你。这没什么不好意思承认的，这恰恰是爱打破了自我中心，让你敢于把自己交付给对方。真切地站在他人的角度看问题，甚至有个人比我自己还重要，这是爱情提升人的地方。我偏要在你面前证明自己很强、很独立，有你没你都无所谓，这不是捍卫独立，这只说明两种可能：一是你没那么爱他，二是他没那么值得你爱。

我并不觉得你的“老夫”符合我说的真爱标准。或许阅历让他掌握了处世的一些技能，对你有所帮助，但这不是爱。他爱你，就不会说，你比我小 20 岁，有一天会离开我。真爱你，是会这样想的：我大她 20 岁，我死了她可能还有半生要走，怎么才能让她过得好呢？我没这个能力，根本就没资格接受她的爱，否则，她爱我就是当保姆照顾我，我死后她无依无靠，这不是倒了霉吗？这不是让她和自己成为笑料吗？有点自尊的人，怎么做得出来呢？从这点来看，老少配，对老的那一方，要求是高的。你要有成就，有能力，有情怀，不然的话，你凭什么赢年轻人？

祝开心。

连岳

人生许多重要事情是不按计划来的

2021－07－26

连叔：

您好！展信悦。每天读您的文章已成为一种习惯，您对生活万象的见解让我受益匪浅。昨天我也遇上了人生抉择的大事，故想听听您的意见。

情况是这样的：我和女朋友在一起快五年了，她去年毕业后考进了家乡县城的事业单位。我比她大一届，今年国考考上了隔壁省的税务（离家大约500公里）。因为我还没入职，在家陪她，前几天她说月经推迟了很久而且感觉很疲倦，然后昨天带她去医院做B超发现有孩子了！我们俩在医院蒙了一阵，因为实在还没做好迎接新生命到来的准备。报告显示怀孕6周了，我们俩商量：如果打掉吧，对她身体影响太大（她瘦小体虚），而且可能影响之后的受孕，等身体恢复的话年龄也上去了；但如果留着吧，目前我们的工作才刚刚稳定下来（她今年5月才入职，我8月），而且两人又是异地。我担心我不在身边陪伴她情绪会不好（她和她父母住单位附近），还有就是刚刚毕业一年就要当母亲，她也一时也无法接受这个身份。所以现在百般纠结。和双方父母沟通后，我家人倒是很开心，都坚持要生下来。但我考虑到异地和孩子降生后的教育抚养问题就觉得压力好大。也觉得好委屈我女朋友，还没好好带她去她喜欢的地方旅行呢。昨晚我们彻夜难眠，还是无法接受这现实。望连叔能给点建议，万分感谢！

迷茫的人

迷茫的人：

你的问题比较急，只好把原定今天回的邮件推迟到明天，先回你的。

当然是生下来，原因很简单，在接下来不短的时间内，你们生孩子都会面临“异地”和“教育抚养”问题，等到生不出孩子，这个问题可能也在。

你们现在生下这孩子，有几个优势：一是年龄正合适，对母婴有好处；二是事业单位，生育友好型，也算是社会与国家给的福利；三是岳父母刚好可以照顾；四是你是公务员，我相信单位也会适当照顾你，让你有更多机会回家探亲。具备这些条件的人并不多，你们的后顾之忧很少，是幸运的，要把握住。

命运是强迫症患者的克星，人生许多重要事情是不按计划来的。最好的应对方法就是那些自己决定要做的事，谁先敲门就先做什么，尤其是生孩子这事，还是有时效的。你们两人的旅行计划被打乱，那有什么关系？以后有空再旅行，风景一直在。

人生就是在干中学的过程，准备是要做的，但更重要的是做起来，在做的过程中不停地调整，这才符合进化论。不少人永远在准备，等着完美的条件，他们就永远都开始不了，越思量胆子越小，越准备本事越无，空耗一生。重要的事情发生前，有点压力，有点害怕，正常，那是进化的信号。

你们两个，大学毕业，都有工作，准备得够充分了，现在要做的就是顺其自然，减少忧虑。忧虑过多，老想着小概率的坏事，那是不健康、软弱的表现，患得患失享受不了人生的过程。

祝开心。

连岳

他年入 150 万元，可是个子矮，要不要放弃？

2021－07－27

连叔：

您好！

四年前经朋友推荐关注了您，通过文字，已视您为未曾谋面的挚友，目前我有一个难以解开的心结，特向您请教。

我是一名 27 岁的普通女生，目前面临婚恋问题。我毕业于一所中上的 985 大学，在一线城市有一份年收入三四十万元的稳定工作，有一对受过高等教育的公务员父母，一套不大的一线城市按揭房。颜值日常场合够用，身高 163 厘米。我 25 岁开始相亲，介绍人一般评价我每个条件都达到了七十分线。

后来，我遇到一个让我十分欣赏的男生，他是头部互联网公司的一名算法工程师，大我 2 岁，毕业于一所 211 大学的电子信息类专业，技术和工作上都较为出色。不过，他出生在一个少数民族地区的贫困县，父母文化程度不高且汉语水平弱；另外可能由于基因和小时候营养不足，他比我矮2厘米左右。

我虽对他的家庭和身高有所顾虑，但我认为根据出生自带的起手牌来否定一个努力优秀的男生对他不公平，我父母也很开明，认为只要人品正直，家里是做正当营生、自给自足的就不反对。在交往的近一年时间里，我发现他的优点很多：一是努力上进，业余花大量时间学习，对未来家庭责任心强，一直努力创造更好的经济条件，按近期股价算，去年他税前年收入在150万元左右，去年还在一线城市买了一套不大但够结婚用的房子。二是他思考问题理性，形成计划后就严格落实，不断改进，对我不超前承诺，基本说到做到。三是有自己的原则，不无底线迁就我，会督导我完成重要的事，但也不强迫我，让我自己作选择。四是情绪稳定，工作中的情绪很少传染给我。五是孝顺明理，始终为自己父母的勤劳感到自豪，表示自己父亲受限于教育程度，都能从一个农民成为木匠，靠手艺从农村走出来，到县城盖起楼房，他相信自己也能靠技术和勤奋从小县城到一线城市立足。

不得不承认，我的男友个人品质和工作能力都略优于包括我在内的同龄人，我本应感到满足和庆幸，然而，每当我身边人提起找对象尽可能找均衡选手，一个出身城市知识分子家庭、工作稳定体面、身高175厘米左右的男生会更合适的时候，我的心里还是会有波澜。是的，受限于家庭条件，他从小见识不算广，获得保研机会却依旧选择本科毕业早早工作；互联网行业压力大，竞争激烈，不那么稳定；身高较矮甚至可能影响后代。

我深知世事难两全，七十分的我不苛求一名九十分的伴侣，目前我已经拥有了一个部分科目九十分、部分科目五十分的伴侣，但一旦我和他有了分歧和矛盾，我又会想起自己迁就他的那些点，心里感到烦躁，难道真的是门门七十分的伴侣更合适吗？但每当我见他努力精进不断实现自己的职业目标时，当我脾气失控他安慰我并理性分析问题时，当我生病或工作劳累他努力照顾我时，我都觉得他是个品质优秀的好男生，我欣赏他，尊重他，爱他，想和他一起做人生道路上坚定的伴侣。但我知道，我的心结不解开，可能还是会给我们今后的相处埋下矛盾的隐患。

连叔，您是有生活大智慧的长辈，还盼您能为我的困惑指点一二。

祝您和连太身体健康，生活幸福。

七十分女生

七十分女生：

出身贫困，个子矮，父母文化程度不高，这些在婚恋时都是短板。但在税前年收入 150 万元面前，这些短板不短了。不仅不短，还变成了他的“另类”长板，他的起点比大多数人低，而他的成就却比大多数人高，更能证明他的能量比别人大。

当然，不是税前年收入150万元就一定可以嫁。有几个毛病，也不宜嫁：一是忘本，出身贫穷，父母文化程度不高，都不敢提了，甚至要伪造个人历史；二是自大，收入高，个人能力自然强，但也离不开时代因素、平台因素，无视后者，能力强的人容易变成自大狂，以为自己做什么都是天下第一；三是不会守财，花天酒地，奢靡无度，盲目创业，胡乱投资，再多钱也是梦幻泡影。

很多收入高、少年得志的人，后来活不好，甚至以破产和贫困收尾，往往就有上面三个毛病中的一个或多个。他们把命运的馈赠活成了命运的捉弄。庆幸的是，你目前的男友没有其中的任何一个毛病，他大概率接得住命运的馈赠，能够给家人带来幸福，甚至能造福这个社会。无论你是否嫁给他，必然会有一个优秀的姑娘嫁给他，他是完全不必着急害怕的。

在婚恋中，基因让我们有好色的人性，无论男女，不管自身条件，都要求对方又高又美。一个人要把自己的爱情与婚姻经营好，要有本事超越基因的设置，将人品与能力放在外形前面，即中国古人说的“贤贤易色”，要用对“贤”的追求替换对“色”的追求。

“一个出身城市知识分子家庭、工作稳定体面、身高175厘米左右的男生”，这是你理想中的伴侣，这样的人不能说多如过江之鲫，但也并不稀罕，而你现在的男友，你这辈子估计只有碰到一次的机会。

祝开心。

连岳

恭喜昨天那位姑娘

2021－07－28

连叔：

您好！

感谢回信，读完回信的那一刻，我又再次看清了“知易行难”这个问题，而我心里的这最后一道坎，终于也跨了过去。

一年前第一次见面后，我和他就开诚布公地讨论了身高话题，我说：“现代社会和原始社会不同，人类早就过了那个需要靠魁梧体格在社会中获得生存机会的阶段。”确认关系后，我男友给我看了他的体检报告，他还是察觉到了我脸上的微表情，他说他知道身高是我们两个之间最后的阻碍，他不干预我的任何判断，决定权完全交给我。

上半年，我们拜访了双方的父母，四位老人虽然背景不一，却都给了我们莫大的支持。他的父母淳朴善良、热情有礼，为了迎接我这个客人，提早修葺房屋，准备我习惯的餐食，用不流利的汉语招待我逛遍了他长大的这座少数民族小镇。

我的父母见过他两面，我的父亲两次见面都与他长谈，第二次见面后明确和我表示过他喜欢这个精干小伙。关于家庭，我的母亲说：“我女儿拿到了一块微瑕璞玉，雕刻笔就在你自己手中，你们如果决定携手一生，他最终能不能成器不仅在他，更在你。他的家庭不是问题，勤劳讲理、尊重教育就足够了，祖辈的文化学识我们家可以弥补一些，加之你们俩都是双一流大学毕业，也该对自己的文化水平有信心。”关于身高，前两天我与父亲聊了许久，所言之理与您无异，父亲说：“喜欢魁梧健壮的体型、光滑的皮肤、茂密的毛发，是人类从人猿开始就一直保持的择偶偏好，而人类进化为智人，就具备了克服原始基因追求更重要的精神与品质的能力。体型是否高大，在今后的日子里，无外乎就是走出去是否好看的面子问题，如果你经过妥善的考虑，仍然不能接受他的身高，我和你妈妈不会怪你，毕竟我们的女儿也只是一个平凡的普通人。”

说到这里，我不自觉得愧疚了起来，我明明深刻地明白着一些道理，身边最亲的人也在不断提醒敲打我，我自己却没能完全用它来指导行动，仍然为周围并不亲近的人的一些说法而动摇。

我男友曾对我说过，当你认定了一个道理，后续要做的就变得十分简单，那就是坚定地执行下去。“不患出言之难，而患践言之难”，从这件事上看，他又胜出了我一步，在今后的日子里，我也一定要迎头赶上。连叔在回信里回复的三点我们今后一定好好践行。一是感恩父母，将双方父母的勤劳善良和谦和好礼传递下去；二是保持自省，珍惜平台，感恩时代，提升自我；三是恪守勤俭，守好心，走稳路。

感谢拉我一把的每一个人，我终于跨过了最难的“行”的这一步。父母支持，两人相爱，我想已没有任何理由能够阻挡上天给予的这段缘分。

下个月我们将如期去医院进行婚检，随后装修我们的婚房。最后，我要感谢我的男友这大半年来对我的耐心。

感谢连叔，感谢各位，祝大家生活幸福。

七十分女生

七十分女生：

恭喜你们，你们的婚姻起点非常高。收到这封邮件，我可能像你父亲一样高兴。也替我向你父亲，向家里的其他三位长辈问好，他们是非常了不起的人，你们以后的人生，有他们的指引与帮助，幸福的概率会大幅提升。

你们的结合是高级别的门当户对。

多数人理解的门当户对是低级别的。你家有个教授，我家得有个高工；你家有辆奔驰，我家得有辆宝马；你家有一千万元，我家得有九百万元；我 211，你得 985；我是身高 163 厘米的女生，你必须不低于 175 厘米。这样斗地主一样比大小，会错过高级别的门当户对。

高级别的门当户对，是善良、格局、理念与远见的匹配，可遇而不可求，你们恰好遇上了，要把握住。幸福的婚姻，往往像火箭发射成功一样，自身只起到一部分的作用。世间的善因善缘是第一级发动机，和平的时代，上升的经济，你看，中国这块土地上，生活过多少人，只有我们恰好降生在这段时空。还有，谁又能算清楚自己受过多少陌生人的恩惠？双方家庭的努力与成就，是第二级发动机，就像你们各自的家庭，没有浪费你们的天赋，养你们到知书达礼，养你们到出类拔萃。最后，才是你们自己的第三级发动机开始工作。

很多人并没有像你们这么幸运，他们得当自己的第二级发动机，成功率自然就低一些，因为家庭托举的高度不够，本身给予的理念与方法就是低级的、错误的，他们还要迷路、摸索、纠错，才能开始追你们。有人一生找不到出路，点燃不了第三级发动机，只好停留在原始的、虚荣的、外在的争夺与攀比中，要靠名表名包、花言巧语和老公的身高来挣面子。二三十岁，还年轻，以为这是面子，四五十岁，你知道人生的真相，就未必了。一个家里快揭不开锅的女人，拎着几万十几万元的包，那是拎着发光的耻辱牌。一个男人，人高马大，不负责任，一事无成，祸及家人，再高大光鲜，也没人瞧得起他。外在匹配不了内在，反差越大，越没有面子。

不仅你的男友是微瑕璞玉，人人都是微瑕璞玉，人生就是如切如磋、如琢如磨的过程，到了 50 岁左右，才真正成熟。二十多年前，我在你这个年龄，觉得老子的人生是自己干出来的，谁都不欠。其间寻寻觅觅，跌跌撞撞，现在，我的人生幸福，但我觉得谁都欠，欠先贤大哲，欠父母妻子，欠世间一切善良之人与不幸之人。还欠春风秋月。还欠星辰大海。这种欠的感觉是成熟的感觉，不再活得那么小，你担心的是没有贡献，没有回报，对不起信任你的人，配不上自己一生得到的幸福。如果你幸福，这是一个自然而然的过程，所以，我希望你们幸福，希望更多人幸福。每一个幸福的人，都是一万只手举起来的，他也能举起一万个幸福的人。

祝开心。

连岳

比他文凭高，就必然出轨？

2021-07-29

连叔：

您好！展信佳。

每天看您给读者的回信，看到好的都推荐给朋友，就像您说的，传递好观念。没想到我也会遇到觉得人生过不去的坎，需要给您写信来求助。

我怀孕一个月了，想做流产，想离婚。

我今年31岁，国内排名前十五的985大学本科毕业，在互联网公司工作，月薪税前2.7万元，在我的同行及同龄人中属于中等甚至偏下的水平。我老公30岁，专科毕业，也是互联网公司员工，月薪税前2万。我们在北京，无房无车，有一套天津郊区的价值不到一百万元的房产。我们谈恋爱三年，结婚两年，他人品好，有些幽默，对朋友和家人都很好，情绪稳定，对我也非常照顾，几乎什么都听我的。

在结婚前，我跟朋友倾诉过，觉得他学历低，我们对事情的看法有偏差，比如他自学能力差，需要换工作时非要离职三个月去培训班学习后才能找更好的工作。我们的生活目标也不同，我们都来自小镇的农民家庭，他的家境比我好一点点，我希望通过自己的努力，虽然不用大富大贵，但起码努力到中产阶层。并且我希望生活是有变化的，能经常体验未知的东西，生命很短暂，不想一成不变地过完一生。他的目标是小富即安，觉得“老婆孩子热炕头”就足够了，自己从没有什么目标，没有特别想做的事。周末都是在刷视频、玩游戏和打麻将中度过。

为什么没有分开呢？在一起的五年多，我曾多次因为他起点低又不上进而失望、生气，但每次我生气，他都会改一小段时间，表现得很好。而且他让我鞭策他，他可以以我的目标为目标。每次我要去泡图书馆，或者做什么事情，他都是跟随，从不主动。我曾经以为一个人能这样慢慢地改变，那是因为他的人品好，我可以等。而且两年前我的父亲得了重病不久于人世，所以我们决定在他走之前办完婚礼。

但最近，我却喜欢上了别人，那个人是博士，情商高，聊天的内容我很受用，但我及时停止了联系，因为我不想做任何不道德的事。可是经过这件事，我特别想离婚。因为我发现我从心底里就觉得我老公给不了我想要的未来，我对他的学历和朋友圈其实很在意，我觉得我不爱他。并且我如此容易就喜欢上别人，也期望和“志同道合”的人在一起，我担心即使现在不分开，以后也会发生出轨的情况，如果有孩子，那就对每个人的伤害都特别大，所以我想及时止损。

本来已经跟他说了离婚，他让我给他半年时间让我回心转意，可是这个时候偏偏有了孩子！我第一想法是打掉，可是昨天看到检查报告上写“胎心搏动可见”时，我深切地感受到那是一个生命啊，每每想到就忍不住掉眼泪。我的朋友说我对婚姻的理解太理想化了，我也担心自己是陷入了某种偏执，所以去知乎看了很多有关人为什么离婚的帖子，有出轨、家暴、家庭关系不好、互相不信任等各种原因，这些我们都没有，和谐并且平淡如水。本来可以慢慢决定，可是孩子不允许我犹豫。

虽然我态度很坚决，这周就挂了号准备做手术。可是我内心很煎熬痛苦，胸闷气短，太压抑了，不敢一个人待在家里，也不知道该怎么办。可能我心意已决，只是为即将失去一个孩子和一个全心爱我的人而心痛。我知道自己年龄也不小了，不知道未来会怎么样，可如果不踏出这一步，我会不甘心，担心自己会后悔一辈子。

信有些长，连叔见谅。祝您和连太健康快乐，万事顺意。

一个深陷旋涡的人

一个深陷旋涡的人：

按理说，你是配不上你老公的。

这个男人是个宝。专科文凭并没有限制他，收入也不低于你这个985本科生多少。钱是最难拿的东西，不比文凭好拿，这说明他的适应能力、学习能力、进化能力得到了最真实的认可。

好婚姻往往并不需要一张好文凭，需要的是“人品好，有些幽默，对朋友和家人都很好，情绪稳定，对我也非常照顾”，这些恰恰你的专科老公都有。再加上你们两人的收入不低，也有一定的资产，稳定经营，很快能实现你的中产梦。其实你们两人的梦想是一样的，在北京过上“老婆孩子热炕头”的生活，只要这炕头的产权是自己的，那肯定中产了。

你确实是读书不够多，还差一窍没开，陷入了把文凭等同于知识的误区。你老公千好万好，只要是专科就配不上你。他周末打打麻将、玩玩游戏，不能算是罪吧？你硬算成罪，比起你和别人玩暧昧也轻得多吧？他真是情绪稳定，还给你半年时间回心转意，换成别的男人，你这样作天作地，早巴不得你滚蛋了。你以为你离婚了就能嫁给那个高情商的博士？人家逗逗你可以，为什么非娶你这个书呆子负心女？你婚离了，这辈子也就碰不上什么像样的男人了。

原本，我话这么重，也是劝不住你作死的。不过，你还是幸运的，肚子里的孩子来救你了。为了这孩子，你保住婚姻，慢慢就会发现你老公越来越可爱。而且，他人品好，对家人好，有孩子后，周末肯定也就会少打游戏与麻将，这“缺点”也会改正。

你那么爱文凭，那在培养孩子上释放这激情，让他们个个都成博士。有了这个努力的方向，你再也不会看见博士就想抛弃专科老公。感谢肚子里这个孩子吧，他帮你打开最后一窍，你从此能够睁开眼睛看到价值，成为真正明事理的读书人，对得起你那张 985 文凭。

祝开心。

连岳

凤凰男，不迷茫

2021－08－11

连叔：

展信舒颜。

我今年 30 多岁，在北京某行政机关工作，三年前结识了现任女友，她长我 3 岁。我出身于农村，家境不好，自幼没少受苦，本科就读于湖南某 985 高校，硕士毕业于北京某 985 高校，算是“凤凰男”吧。她家境很优越，独生子女，自小便是父母的掌上明珠，生活上颇有“小资情调”，人也聪明，品位高雅，也是北京一所 211 大学毕业的，现在在武汉工作。

天南海北而且人生经历悬殊的我们，初识于网络，我想应该是出于对网友的戒心，所以刚认识时，她说自己是 90 后，比我小 3 岁，两人就这么聊了蛮久，后来她来北京一趟，我们就在一起了，当时我还沉浸在幸福中。

结果某天晚上，突然接到她的电话，告诉我她其实已经结婚，但她丈夫并不爱她，当天还动手打了她，她对之前的隐瞒向我道歉。对于家暴的男人，我向来是嗤之以鼻的，因为这个原因，我甚至感觉，自己跟她的感情是合乎道德的。就这样到了2019年，她也离婚了。我也决定放弃北京，因我单位是中直机关，可跨省调动，所以决定调动工作到武汉，想与她终身为伴。

2020年的疫情来势凶猛，我的单位是国门检疫最重要的一道防线，我也被多次抽调到首都机场参加防疫，穿着厚重的防护服工作，其间的害怕、紧张、辛苦自不必说，却也因此忽略了她，因为单位对外出管理特别严格，很少能去看她，她本就是个长期忍受孤独的人，这使她对我多有怨恨。今年以来，她除了心情极为低落的时候找我说说话之外，其他时候对我都不怎么搭理，我自己也隐约感到不对劲，但调动工作的事情我也一直在努力着，想着两人在一起之后，情况会有改观。

直到前几天，她突然深夜打电话给我，在我的追问下，我才知道她之前已经恋爱并和别人确定了关系，对方小她6岁，在上海工作，当天她跟那个男生吵架分手了，所以又来找我。

当时感觉犹如五雷轰顶，没想到这么狗血的事情会发生在我身上，她解释说她自认为已经和我分手了，可是我明明还在忙着调动工作啊，而且全单位上下都知道我要离开的事情，我在单位也没有进步空间了。

回想我和她，我节俭（她觉得是吝啬）克制，她大方浪漫，她甚至抱怨我去武汉看她时候，下了高铁选择坐地铁，而不是打车，因为她觉得打车能使两人更快见面。她感性爱哭，我理性忍耐，曾经我以为两人挺互补的，也被她所深深吸引，现在想来，“凤凰男”和“小资女”，或许压根就是两个世界的人，比如很多她所熟悉的国外歌手我都不知道，她这次和别人恋爱，她也觉得错是在我。

她现在希望我能继续去武汉，她会跟我结婚，而我自己心里总迈不过那个坎，我感觉她可能并不爱我，而是需要我，比如她竟然连我的生日是哪天都记不住。我也怕她以后，和我关系再次不睦的时候，又去找别人。

感性上来说，放弃她的痛苦大于原谅她的痛苦，理性上来说，我又觉得自己应该放弃，一时陷入了很痛苦的境地。

请您指点迷津。

赐复为盼！

一个迷茫的凤凰男

一个迷茫的凤凰男：

有几个判断供你参考：

1. 她出的轨可能比告诉你的更多。

2. 她大概率不会和你结婚。

3. 即使和你结婚，她照样要大规模出轨。

4. 她不爱你，缠着你是因为你可控制，耐折磨，骗你成小三，你都乐意。所以你是最好的垫底。

5. 她不爱任何人，她没有爱的能力。她是一个病入膏肓的人，对病态的关系有瘾，必须不停地“搜集”男人。你建立长久爱情的努力，恰恰是她厌恶的。

可以确定的是，和她纠缠不清，你一生都没了。要当机立断，痛快分手，撤回调动申请，和单位领导说清楚，大家都会同情你、理解你的。

之所以任由她玩弄，是因为你自卑到了极点。这从你把“凤凰男”的标签拼命往身上贴可以看得出来。凤凰男没什么可自卑的，这只是一种客观事实，表明出身农村，家境差，责任大。一开始，许多姑娘包括她们的父母，尤其是城市家庭的父母，确实会有顾忌，会害怕，这是人之常情，没什么可怪的。有平常心、有志气的凤凰男，不卑不亢，有情有义，责任是大，全能挑起来，家境是差，自己杀出了一片天，稍微有点眼光的人，怎么会嫌他是凤凰男？此时起点低反而变成了荣耀。凤凰男如果表现出对自己出身的遮遮掩掩，心态脆弱，又毫无斗志，怨天尤人，那才真会被歧视。

你和她不是什么“凤凰男”与“小资女”的冲突，是“凤凰男”与“渣女”的冲突，你过于自卑的弱点被她狡猾地利用了。再和她混下去，你这只毛被拔光的凤凰，鸡都不如。此时，反而要珍惜自己“凤凰男”的身份，父母培养你读了好大学，国家给了你好工作，你轻易被一个“渣女”毁了，对得起谁？

祝开心。

连岳

婚姻是赌博吗？

2021－09－12

连叔：

您好！

给您来信主要是近期的生活发生了一些变化，找不到正确的方向，希望您能指点一下。

我今年25岁，有一个相恋七年的男友，我俩之前感情不错，最近在谈婚论嫁，谈着谈着就谈到了情侣之间的难关——彩礼问题。

我父母是聋哑人，我有一个弟弟，他有两个姐姐，我们都是普通家庭，今年3月的时候他父母出资40万元首付买了房子，房贷每月4 000元，现在是他在还（他每月工资5 000—6 000元），还完贷款几乎不剩什么。因为刚毕业，我俩生活很难，之前谈的时候觉得生活顺风顺水，爱情甜甜蜜蜜，谈到彩礼的时候他就翻脸。因为我家想要15万元（7万元彩礼+3万元三金+5万元装修），他说只有12万元，本来我觉得差不多也行，我家也有陪嫁，日子也勉强过得去。但是跟家里说了之后，家里觉得不行，一定要 15 万元（都给我，家里不要），我就和男朋友商量，说不差这 3 万元，他就翻脸说我家得寸进尺，要多少都不够多，说要了他父母的老命，还有一大堆难听的话……

这个时候我突然觉得眼前这个男人我不认识了，开始怀疑自己，难道七年的时间不足以看清一个人吗？彩礼的问题可以商量，我爸妈也是为我好，可以理解，我从来没说过他家什么坏话，他怎么突然变成这样了？

我开始重新思考，他是否值得托付？未来我有信心对他父母好，那他会全心对我父母吗？婚后他是否会不忠？我有什么应对之策？思考了很久，发现问题是无解的，所以在这里我想求助连叔：婚姻是一场赌博吗？如果赌输了怎么办？我接下来该怎么做？我要怎么做才能保证以后不后悔呢？

一个普通人

一个普通人：

婚姻是一场赌博吗？

可以说是，也可以说不是。

说它是，因为一切已知因素在未来都会产生变化，你对现在了解得再多，未来也总是有不确定性的，这些不确定可以理解为具有赌的成分。

说它不是，是因为赌博的赔率永远对玩家不利，沉迷者必输。而婚姻是管理，赔率掌握在玩家手里，认真管理，几乎必赢。

所以对婚姻的态度，也要有两手准备。

一是接受有点赌的成分，不要指望去除一切不确定性，这将导致焦虑、恐惧、吹毛求疵、上纲上线。精神不正常了，就大大增加了不确定性，人的精神健康需要有点听天由命的无畏精神。

二是要尽人事，把胜率提得越高越好。这也是结婚之前需要恋爱的原因，恋爱就是调查研究，掌握的材料越全面、越客观、越理性，得出的判断越正确，将来的不确定性越小。

在我看来，你们的婚姻前途远大，有几点有利因素。

第一点，你们恋爱的时间够长，彼此足够了解，而结婚的年纪又正合适，不早不迟。两者兼具可不容易。

第二点，双方家庭都是结构合理的多子女家庭，这让小家庭的压力相对较小，有利于发展。

第三点，你们都接受对方家庭的普通和不足，没有傍高枝的心态，这说明有自信。

第四点，你们不是被宠坏的孩子，都有体恤父母的善良。吵这一架正体现出这点，他担心自己父母压力太大，你担心自己父母被误解。双方的父母，都很了不起，你们应该有这份孝心。

以上都可以大大提高你们婚姻的胜率。

只有一点，还需要进步，就是学会吵架。你爱一个人，和他待的时间最长（长达一生），一起解决的难题最多，自然分歧与摩擦也最多，他必然也是和你吵架最多的一个人。会吵架，则吵一次进步一次，吵一次爱加深一分。

吵架是为了解决问题，解决问题则需要管控分歧，不然就演变成为吵而吵，问题越来越大，一点小事吵成分手。就像你们，本意是解决3万块钱，他不会管控，变成指责你父母，你不会管控，变成怀疑他人品，乃至想到他将来要出轨。气话赶气话，双方都变成坏人，这样吵，婚姻不会幸福，未来一定有问题。这3万块既然会回流到你们的户头，那就是小事，你实在劝不动父母，和男朋友一起筹出这笔钱也不是难事，这才是当务之急。现在无论去抨击彩礼习俗，还是彼此怀疑、互相攻击，都是忘了初心。成家就是意味着“我们自己的问题自己解决”，先从两人合力解决这3万块钱开始，不埋怨，不放大，这个问题解决了，你们就更能赢未来。

祝开心。

连岳

家庭之问

I Ask
Lian Yue
9

所有的成功，
都是从
负责任开始

人有两次出生，都要以哭开始

2021－04－07

敬爱的连叔：

您好！我其实关注您几年了，也看了您的文章几年了。说来惭愧，一直在“潜水”，没有什么实质性贡献，反倒是您的文章一直给我启发，一直在滋养我。真是万分感谢！

我以前是一个思想天马行空的人，不爱受约束，可能与父母长期在外做生意有关。父母总是给我足够的生活费，虽然我知道家里也很缺钱，但总管不住自己，花钱大手大脚。转眼间大学毕业，在南京混了几年，谈了女朋友，工作也还可以，想买房结婚。这时父亲查出了糖尿病，引起了眼睛并发症，全家撤回了三四线小城市的老家，那个时候我才发现父亲老了，干不动了。

我也回到老家，进入了一家国企单位上班。父亲的病反反复复，眼睛并发症前后五次手术，花光了家里的积蓄，也刷爆了我的信用卡，那时我觉得自己是那么没用，没有赚足够的钱来补贴家里，以前都是月光族，没有储蓄的概念。再困难，日子还要过，病还要治，婚也还要结，只不过新娘已不是她。回到老家，工作的变化，家庭的变化，双方家庭的不合，再加上我们不是在一个城市，种种因素还是把我们分开了。前女友家人要求在她的城市买房，我依稀记得那个晚上，父亲拿出家里仅有的6万块钱，要我打电话给她，答应她家的要求。我也打了电话，只不过这次是提出分手，我还记得电话那头她在哭泣和她家人在旁边说我是负心汉的声音。我也很痛心，我们四五年的感情，一起经历了很多事情，她父母反对了几年了，她都坚定地和我在一起，这一次我感觉是我抛弃了她。那时候我很年轻，家庭的现状让我不得不作出这个选择。从此之后我觉得生活不自由了，压力也大了，仿佛一夜间全家的重任落在我一个人身上。

转眼间八年过去了，这期间生活比较艰难，但我还是结了婚，买了房，父亲的病情暂时得以稳定。只不过，为了买房结婚、治病，我已债务缠身。各种信用卡、信用贷、网贷弄得我身心疲惫。工资入不敷出，债务越滚越大，甚至影响到工作。债务的问题我一直隐瞒着老婆，不知道出于什么原因，就是从一开始不愿说，一直瞒到年前。为什么现在说了呢？第一，我身处金融机构，单位明确要求不得负债。第二，我身处的这个城市房价涨得厉害。第三，债务利滚利已经让我无法承受。我全盘向老婆道出了这些年的债务情况，我本想她会跟我离婚，但她没有。情绪是有的，几天后，经过商量，我们把现在的一套105平方米的小三居给卖了，赶上房价上涨，赚了不少。好在首套房没用公积金，我们做了混合贷，狠心在新区新建的吾悦广场买了一套 140 平方米的大三居，三年后交房。旁边是师资力量比较强的小学，女儿现在 3 岁多，上完幼儿园正好来这边上小学。我考虑的就是保证孩子的上学问题，这样下来呢，我的债务还了大半，孩子的学区问题也得到落实，又改善了居住环境，而且处于地段比较好的位置，工作上也好向领导交代，解决了大部分问题。只是我们的房贷也水涨船高，除去公积金贷款，每月要还近 5 000 元的房贷，而且现在在市区租房子住，虽然老家有房子，但太远，上班不方便。我和老婆目前的月收入也就将近 1 万元，想想未来 30 年的房贷，我是不是买大了？不知道今年我这波操作对不对，还望连叔指教！

疲惫的男人

疲惫的男人：

你人生的大危机已经解决，将来没什么事能够难倒你。

向老婆隐瞒债务是不对的。但我估计你老婆听了你的坦白，是又生气又开心。生气的当然是你不告诉她，险些搞成不可挽回的财务危机。开心的是，你做这一切还真是出于责任感，自己扛着父母家人往前走。危机即转机，在这件事上体现得很明显，开诚布公，一起面对之后，你们渡过危机，房子还变大了，未来的日子也像这房子一样，会更好的。

人的成长很难。往往是在预料之外的苦难中长大。这苦难可能是生活之难，财务之难，恋爱之难，病痛之难，观念之难。为什么说这些难都是预料之外呢？因为没人会追求苦难，它一定是在人的意愿之外突然降临，以考验我们的品质、原则与方法。茫然失措，痛苦挣扎，是所有人遭遇苦难的第一反应，经过考验后，有情义，有担当，更坚韧，更强大，一个新人就诞生了。人有两次出生，一次是肉体的出生，一次是精神的出生，两次出生都要以哭开始。

这八年，你这么苦，就是你精神的出生过程，该哭的都哭完了。

占家庭收入一半的5 000元房贷，不是问题。工资涨一涨，通货胀一胀，两三年后，5 000元在你们收入中的占比低了很多。

幸福生活的大挑战不是房贷，而是以下这三个:

共苦很难，同甘更难。你要永远记住妻子不离开你，和你共担债务的时光，这是你人生力量的主要来源，是幸福的主要保障。夫妻同心，日子总是越过越好的。将来富贵了，诱惑多了，不要有异心，尤其是男人。无法同甘的男人不少，好日子没过几天就搞三搞四，证明自己配不上好女人，也配不上别人的尊重。谁爱我就让谁倒霉，最爱我的人最倒霉，这样的人生，大恶臭，是在受惩罚。

生活健康。虽然无论怎么努力也可能生病，但健康生活的自律系统能降低生病的概率。戒烟少酒，克制情绪，平衡营养，控制体重，早睡早起，保持锻炼，这不是自己的事，而是对家人的交代，得尽人事。

业务精进。对得起给自己发工资的人，把手头的事情做好，无论在哪个层级，环境如何，不要贪小便宜，不要“摸鱼”，不要吃饭砸锅，不然的话，坏气质渗透到你每一个毛孔里，你将理解不了、接受不了美好的观念与方法，败坏家庭与子孙。

你吃了那么多苦，上面三点一定能做到，能做好。

祝开心。

连岳

如果你一定要买股票，那送你四条原则

2021－04－14

连叔：

您好！

一直看您的公众号，一直在学习，受益匪浅，有时候还把您的文章推荐给儿子和侄女，希望他们能从您的文章中汲取能量，安排好自己的学习和生活。最近有个小小的烦恼，我想跟您说说。

我们在省会城市，老公有个合伙的公司和合伙的工厂，公司业务一直很平稳，但是收益一般（比我的年收入要高点），工厂一直是合伙人在打理，还在创业阶段，比较艰难。工厂他前期参与比较多，因为各种原因现在基本是撤出的阶段。我是正常上班族，儿子初中住校，老公因为公司离家太远，一周去个一两次，其余时间基本在家办公、锻炼、做家务，上午去河边钓钓鱼，下午去足球场踢球，顺带撸个猫。今年以来我们一直在考虑理财的问题，进行了讨论，然后决定拿出50万元进行股票投资。按照资产的配比，50万元差不多是我们全部资产（包括房产）的百分之十。他一直在学习金融知识，每天都在听课、学习的状态中，还认真做了笔记，做了图标，做了每只股票的基本情况表，很专注于这个工作。他每天跟我讨论最多的也是股票。我们一直的理念是价值投资，不是炒股，短线获利。但是随着股票涨涨跌跌，心情多少也会受影响。我最近也在网上看了，很多人说股票投资，基本没有挣钱的，还有本钱都亏没了的。

2019年年底，他有些焦虑，睡眠不好，后来经过听音乐、积极锻炼调整过来。当时我们分析，他可能是因为没有在工作中获得一种成就感而导致焦虑。现在他热衷于股票投资，貌似找到了一个可以专注的事情，也算是个好事。不过我觉得他刚40岁，不应该有这种退休休闲的状态，还有就是股票投资我担心他会亏钱，虽然他一直在学习，但是我总觉得这里的水太深。盼连叔指点一二，感谢！

一个心烦的小女子

一个心烦的小女子：

我自己是中国比较早的股票投资者，现在仍然是，也获利不小。不过，我倒是经常劝人不要炒股，因为看过太多人因为股票倾家荡产，神志不清，空耗一生。你有点认识是对的，在股市上，大多数人是亏本的，尤其是散户。

我也得承认，私下指点过几个人，具体到让买哪只股票。他们也获利不小。这说明，我还是认为股票是个好投资品，只是它的门槛太高了。我指点过的人，我对他们非常了解，判断他们的素质跨得过那个获利的高门槛，那为何不分享自己的心得，让他们的人生更好呢？不然的话，再亲的家人，再好的朋友，我觉得他们会在股市上吃亏，也绝不会推荐什么股票，那样是害他们，也让自己陷入麻烦。见人就推荐股票的，卖理财课的，这好那好，不是半桶水，就是割你的韭菜。利用人们的理财热情和财务焦虑，也是骗子常用的手段。

即使如此信任指点过的那几个人，有些原则，我也会反复强调，担心他们忘了。

你们反正都已决定入市，那就把这些原则跟你们说一说。

你寥寥数语，让我对你的丈夫印象很好，生活健康，对家庭负责。这也引出第一条原则： 人品要好。人类一切竞争，到最后都是人品竞争，这是不可违抗的天理。投资很凶险，无良低劣的公司也不少，巨大的风险可能体现为美好的愿景，暂时的利润。在有意的、狡诈的骗子面前，一切基本面分析、财务分析都会失效，你想要什么，他们就可以编什么。此时，只有对人品的信仰才能救你，你本能地反感巧取豪夺、花言巧语、不劳而获、为富不仁、不公不义，一切骗子必有这些气质，引起你本能的反感与警觉，让你远离危险。

第二条原则是，专注本业。买入股票，就几秒钟的事，之后你天天盯着起伏干吗？买完就精进自己的本业。股票有时涨一天，比你一年收入都高，这让人产生错觉，以为本业不值得做，天天炒股，又舒服又赚钱。你对快钱上瘾，开始败人品，违反了第一条原则。没什么快钱，你荒废本业以后，股票有时跌一天，跌掉你一年的收入。本业是你的责任之源、资金之源，永远不要放弃。

第三条原则是，控制资金量，先解决家庭更重要的需求，有房有车，生活达到平均水平。你们这点做得好，资金量为资产的百分之十，要坚持住。太多人很快放弃这条原则，赚了，想加大本金赚更多，亏了，想加大本金翻本。然后抵押房产，刷信用卡，借网贷，碰高利贷，最后骗钱，直到钱与人都输得精光。股票交易有毒品一样的成瘾性，即时满足，渴望加量。对这点，要有足够的恐惧。

第四条原则是，亏得起。极优秀的上市公司，就那么一些，对有办厂经商经验的人来说，更容易判断。即使是这些公司的股票，你买入后，亏掉一半，长达数年处于亏损，也是经常发生的事，你要能够保持平常心与耐心，否则的话，难免心浮气躁，沮丧焦虑，天天冲家人发火。

若以上四条原则你们永不违反，那恭喜你们发财。

祝开心。

连岳

我父母给了千万资产，他却固执地要卖房炒股

2021 - 04 - 15

尊敬的连叔：

您好！

今天看到您写的关于“股票”的文章，真是有些“小确幸”，我最近也是为这个事几次想写信给您，但怕打扰您或者大概率没有回复，就没提笔。

我家情况比之前来信的那位多了个前提：基本生活条件是不错的，但他要辞去现有的工作，卖掉其中一套大房子，多余的 100 多万元用来“专职”炒股。最近他刚确认得了青光眼加干眼症，我内心之前是恨他这么固执要炒股，现在忽然觉得他也挺不容易的，也是想着做个事。

我们坐标南京，双方都是独生子女，主要得益于我父母支持，有三套价值千万元的房产，双方父母各一套，自己小家庭一套，老家还有一套大几百万元的店铺。先生在外资企业工作十几年了，谈不上多好，生活福利没问题，但主要碍

于这四年多和领导相处不融洽，上班一直闹别扭，加上父母还没来住，现在空出一套房子，先生想辞职专心炒股。他脾气平时很好，但在这种大事上特别犟，要卖掉一套我们名下的大房子（我们名下还有一套小几十平方米的，卖了剩不了多少钱），把两套房子的商贷还清，再买一套三四十平方米的公寓靠近父母，用于我们小两口早晚休息，小孩起居和我们日常吃饭都在父母那儿，多余的100多万元留着炒股。父母不同意，原本很好的生活，几套房，身体健康，都有稳定的工作，但现在一团乱麻。

他每天上班花四五个小时研究股市，三四年前由于家人没同意把老家店铺给他抵押去炒股，就另外给了他四十万元炒着玩，但这三四年没赚到什么，他说是因为国际环境加疫情影响，但他说其他失败的人不是像他这样专心研究这门技术，他亏也亏过，经验也足，就差临门一脚。还有他年到四十岁出头，也深知再出去找工作不见得比现有的稳定、福利好。他是想赚钱，但都说十个炒股九个输，我虽然理解，也想支持他做点自己的事，但这个事以我们普通人见识真不敢，一般都是有闲钱炒炒股，但他铁了心，说即使出去租房，也要辞职专门炒股，说得再过激些，说即使离婚拿走他的一半，也要搏一下，要不然再这样混下去生活没奔头……当然离也不是这么容易的事，相信法院也不会同意因为这种想法离婚。

父母在小地方做小生意支持我们在新一线城市买三套房

我们应该很知足了，他主要觉得钱都压在房子上，手上没有宽裕的闲钱，生活质量不高……但外人看来就是钱多了，麻烦事就多了……别人都羡慕我们和两家父母各一套房，大家都住得自在，现在为了一个不太确定的抱负去租房或者住个小房子我真不想。问他一年能保证赚到和现在一样多吗，他说这个也不能确保，哪行都有风险，但他还信誓旦旦说亏得越多，后面赚回的概率越大，炒股就是要长期，长期肯定能赚……我们听到这些，都觉得不可思议。现在大房子就这么空了半年多了，不给租也不能卖。本来是同意卖掉后换个学区房，但家人得知他想卖了辞职专职炒股，就不同意卖了，一是卖了很难再买得起这么大的房子，并且现在的房贷利息也低，二是这种偏执的想法太可怕，赚了还好，不赚就是变相害了他。现在回头看当初不给他那几十万元，这几年他没钱炒股也就不会在这条路上越走越“专”了，毕竟这几十万元也不是我们小两口的，是父母给的，但他现在貌似已经没有这个感恩之心了，只是认为我们不管他工作不顺，不考虑他的出路，让他手上没现金还得死守一份没有奔头的工作，不能去做改变（但我真心觉得我们虽然没有太多现金，但有什么大事我们可以卖房变现，现在以全家一年的收入，生活已经可以了——尽管不能跟那些整天出去旅游、大手大脚想买什么就买什么的人比）。

我们建议他，工作不顺心可以换份工作（他也知道出去找不到这样安稳的工作，也不想换，但待着又说很憋屈），炒股可以继续炒，哪怕再多给点钱，即使全部亏掉还有个基本工作，但不能卖房专职炒。虽然他说他智商高，分析研究透彻，但我想那么多证券公司，智商高、能力强的人，如果可以不需要朝九晚五上班，这种好事别人怎么不干？他说我父母的房子不能动，但我们自己的房子他有权处理，话是没错，可这风险太大，万一最后输光了，以他孤僻、固执的性格，会想不开，影响的还是整个家庭。我俩是自己相识相恋走到今天的，之前都很好，在这件事上他却很坚定，不肯让步。我也不想因此走到非得离婚那一步，那样就真伤感情了。我自己有时也想，要不就给他炒吧，输了才能回头，但又觉得大概率能预见的事现在干吗不避免，就很闹心。

他说不让他专职炒股，就让我们给他找条活路。当然他说的活路不是说在家好吃懒做等别人来养活或者干苦力赚钱，还是想找相对体面、有奔头的事情做。我们给他找的出路，就是有份稳定的工作（他是做技术的），然后身体锻炼好，眼睛保养好，小孩养育好。小孩好，以后也能少花钱、少费心。他头脑灵活，那就再给我父母在老家的小生意多出点主意，帮忙经营好，父母的最后也是我们的，何乐而不为？

连叔您也是一直炒股的，看到的各种情况也多。若能简单就我们的想法给个“行”或“不行”的答案，给迷茫的我们指一个方向，就真是万分感谢了，因为马上五一就要大家一起坐下来谈这个事了。本来想着等五一谈完再来问连叔您的，今天正好看到，就想理清思路。若连叔有个什么建议，五一能一次谈好了就更好了。

再次表示感谢，若有打扰也是抱歉！

本很快乐现在迷茫纠结的我

本很快乐现在迷茫纠结的你：

不行！不行！不行！先给你这个答案。

你丈夫这种例子，说明钱不一定能带来幸福。如果一个人不负责任，不理性，不知感恩，又固执，那么，这样一个德不配位的人，越有钱烦恼越多，最后，他往往得把钱折腾光，归于贫穷，以证明自己只配过苦日子。你丈夫就是这种人。中国没几个人运气有他这么好，岳父母给千万元的房产，他安心过日子就行，竟然厚脸皮闹着卖房炒股，这么无耻，全中国也找不出几个。

值得庆幸的是，他没掌握家里的财权，他能随便卖房的话，别说三套房了，三十套都折腾光了。你要对父母负责任，守住他们给你的资产。一千万元很难挣，给你丈夫这种人败掉却太容易。别让一贫如洗等着老了的父母，那对他们太残酷。他卖房炒股的要求，你绝对不能松口，别以为房子多，卖一套他就清静了，亏完了，他很快会闹你卖第二套、第三套，卖光为止。他闹得凶，可能正是因为看到你的动摇。你坚定一点，他就不闹了。即使他一直闹下去，让你心烦，那也比让他败光财产好，主要是败光了他还得闹。他就是一个极度以自我为中心的“闹侠”，富的时候闹，穷了更会闹。由他闹吧，闹到什么程度都不理。

投资是极度理性的事。固执、好面子、知错不改、一条路走到黑、撞了南墙也不回头，这些在你丈夫身上极其明显的人性弱点，成功的投资者都必须去除。一个人把原本富裕安宁的家庭折腾得鸡犬不宁，这本身就是非理性的、低智商的疯狂行为，与投资的理性追求南辕北辙。一个人不肯为家人的幸福低头、认错，怎么可能向市场低头、认错？必然输光。所有的成功，包括投资成功，都是从负责任开始，只有负责任，才可能发现错误，改正错误，从错误中学习，增长理性与能力。

祝开心。

连岳

西藏爱情故事

2021－04－18

连叔：

这么晚睡不着，写封信给远方的您，权当梳理一下我凌乱的思绪。

我和先生2010年相识于西藏大学，在世界海拔最高的学府里，我们相恋两年，感情很好，我觉得我运气真好，隔了几千公里最后还是找到了一个和自己同县的老乡男友。而后大学毕业，他以军警毕业生身份被派往西藏一个边境县县城，成了一名普通公务员。而我，被保送至武汉某985高校读研，从事基础科学研究。历经三年的异地恋，我们相濡以沫，互相打气，最终在我毕业那一年结婚。

我们都是家中老小，他上面两个姐姐，都嫁在本县，我上面一个姐姐，虽嫁在本县，但苦于生活，经常在外打工。他家父母健在，只是已年近六十，我家母亲早逝，只剩伶仃父亲。结婚后，考虑到我们俩出身农村，父母不易，我一心想着要赶紧赚钱，赶紧和先生会合，加之总有西藏情结，于是，我跨专业参加了某国有大型银行校园招聘，最终在2015年进入西藏某二级分行成了一名银行职员。

本来一切都挺好，公务员工资虽不高，但是老公一直比较勤俭节约，我们单位因有高原补贴，倒也能够赶上同龄人。家庭年收入差不多三十万元。这六年期间，赶着国家和西藏的好政策，我们生了两娃，一胎一年产假，我休了两年产假。我们在老家县城买了两套二手房，一套我爸住着，一套公婆住着，方便娃在县城读幼儿园。除去我们休假，两娃都是爷爷奶奶带着，家人和睦，平安顺遂，都好。

可是今年，我开始犯愁了。老公2020年年初被遴选入自治区某厅级单位下属部门，终于从海拔4 380米的县城回到拉萨，我则继续在距离拉萨两小时车程的山南。去年年底，我二胎产假归来，觉得虽和老公还是异地，好歹从六小时车程缩短至两小时了，也是进步。不料，老公接到单位通知，又要去遥远的昌都芒康某村落里担任第一书记，两年，这就又变成遥远的异地了。

今年过了清明，他就驻村去了。我此刻就很纠结，今年我33岁，他34岁，娃一个5岁，一个1岁，三个老人，69岁，65岁，64岁，我们这样长久下去，肯定不行，孩子需要父母陪伴，老人需要子女偶尔的照料，这个家得有一个航向才行。

老公驻村两年，我想着这两年，要确定一些事才行。首先，我们该不该离开西藏，回到老家？这个选择的弊端在于，我们夫妻多年在高原建立的事业基础都要放弃，一切从头开始，而且也不能享受每年50天的带薪休假，以及要舍去西藏的阳光和相对较高的收入；优势在于，能照顾到孩子和老人。或者选另一条路，我辞职去拉萨，换一个不需要加班，灵活一点，工资可以少点，但是能够让我兼顾小孩的工作，待老公驻村回来，一家人就在拉萨安家落户。弊端在于，孩子也得适应高原环境，西部教育可能终究差一点，我的收入也要差好多；优势在于，一家人终于可以在一起，老公也不需要重新换工作（他不太喜欢压力大、节奏快的工作），假期我们可以回老家陪父母。

说得可能有点乱，可能大伙也不太了解高原生活的种种，无论如何，说说，总是能够理清一些思绪。祝愿连叔连婶安好！祝愿大家都安好！扎西德勒！

有点糊里糊涂的高原苍鹰

有点糊里糊涂的高原苍鹰：

你是真爱他，真爱西藏，所以能克服长期的两地分居，把生活经营得这么好。继续围绕着这两个爱，选择就不难。

他的事业基础都在西藏，又有边境县城的工作经历，现在又要驻村，这很了不起，也很珍贵。我不是说有了这些艰苦的履历，必然能够得到提拔重用，而是这些履历摆出来，真是无愧我心，人人敬佩。他不怕吃苦（倒是很谦虚地说自己不喜欢压力大），爱这个工作，那就不要变换赛道，继续服务，继续积累。

他的路线定下来，你也就好定了，那还是留在西藏。他驻村这两年，你可不做任何变动，反正怎么动，都是两地分居。当然，可以看看有没有机会调到拉萨工作。两年后他回到拉萨，一家人可以在拉萨团聚。你若调动不成，就去拉萨找个工作。这种选择唯一的遗憾就是离老人远一点，需要留在老家的姐姐们多承担。不过，这种情况带有普遍性，多数人需要面对，你们换个工作离开西藏，除非回到老家县城，否则的话，也还是无法与老人一起生活。你们有 50 天带薪休假，这段时间一家人回老家好好陪陪老人，我觉得，陪伴的时长与质量，可能超过了绝大多数孩子。

你们的两个小朋友，我也建议他们到拉萨读书，不到万不得已，孩子还是与父母一起长大更好。你们两个都受过良好教育，把孩子的功课辅导好，是没有问题的。

当然，无论计划如何周密，生活中总会出现这样的问题、那样的烦恼。这就是生活，任何地方的生活都是如此。但是问题与烦恼给你们的冲击，一定会小得多，因为你那么爱他，你们那么相爱。为什么人们永远都在追求真爱？那是因为真爱让人不怕任何困难。

祝开心。

连岳

人生幸福的两个平衡点

2021－04－27

连叔：

展信佳！

关注连叔应该是缘于一次信息搜索，其中连叔的一篇文章吸引了我。几年了？也忘记了，只是不断地买连叔推荐的书、不停地看，观念也在连叔的引导下不停地更新。心中怀感恩之心，因为您让我活得更快乐、更透彻。

我是县城体制内的普通科员，独自抚养儿子，因为自身交际圈子比较窄，经济条件一般，再加上有个儿子（我们这里带儿子的离婚女没啥市场，呵呵），离婚多年一直单着。不过这些就是要随缘了，经历过一次失败的婚姻，也会像连叔说的那样不将就。我作息规律、生活健康、坚持学习，一直保持着较好的容貌和两位数的体重，目前内心觉得自己过得还是挺不错的。

说来也惭愧，我没有什么赚钱的能力，到现在也没让儿子过上更好的生活。家里有一套两居室的小房子（生活、交通方便），无车（能凑合买一辆，但觉得以现在的经济实力不应该买），收入方面，每月还完房贷还有五千元，我生活简单，喜欢的东西买得起就买，买不起的不再多想，就这样除了日常开销、孩子的教育费用，每年大概有两万元的存款，这几年也存了一点钱，准备给孩子上大学用。现在有个比较纠结的问题想请连叔赐教。

我们这里房价每平方米一万多元，我的房子因为位置的原因房价低一些。

第一种想法，卖掉现在的房子，买位置好一点的，从头开始还房贷，房贷会增加，装修什么的费用也不少，应该不会再有存款，车子也买不上。以后孩子需要钱可能也帮不上忙。

第二种想法，继续住在这里，还会有存款，可以考虑买辆车，以后孩子需要钱能帮上点小忙，而且房贷还了快十年了，利息还得差不多了。这样就存在另一个问题，目前的少量存款除了存银行也不知道做什么，以后房价会越来越高，再想换房的话会不会更困难？

连叔，我大体的人生规划是这样的，现阶段就是做好主业、照顾好孩子，持续学习、保持健康，鼓励、支持孩子去大城市发展。在这期间我学点技能、多积累能力，有条件的时候做点副业，退了休也能继续工作。有些能力我如果达不到，我就把家务干好、饭烧好，等孩子真去了大城市，我想退休跟过去，想凭这点应该也能找到份工作（哈哈，其实我也不知道大城市工作会不会好找，完全是自己主观判断）。

希望能有幸得到睿智的连叔指点，帮助像我这样的普通人过得更幸福，祝您与爱人安康！

谢谢！

小草

小草：

你现在的状态就是幸福的状态。

这不是随口一说安慰你，你符合我认为的幸福要件，是下面两条：

幸福要有一定的物质基础。衣食住行无忧，有自己的房子，有稳定的收入，物质条件就基本具备了。人不应耻于谈物质，孔夫子说了，邦有道，贫且贱，是耻辱。现在的时代是好时代，国家是好国家，一个正常人的首要责任，就是为自己、为家人追求基本的物质基础，脱离贫与贱。手中有粮，心中不慌。粮是什么？就是一切物质。这一条多数人也容易理解，毕竟人本来就是把物质看得比较重的。

幸福要有看淡物质的能力。物质是服务人的，不是奴役人的。物质看不淡，欲壑难填，它就会开始奴役你。人的能力与机缘不同，满足衣食住行之后，获得物质的量级不同，有人身家 1 000 亿元，有人年薪 10 万元，看不淡，两人都是贪欲的牺牲品。身家千亿元的人想着万亿元，想着用钱买影响力，买权力，以为自己必须掌控世界。年薪10万元的人总想一夜暴富，对生活与工作敷衍了事，不负责任。他们最后得到的，都是痛苦。

在一个越来越富足的社会，按理，焦虑应该越来越少。实际却不然，你看身边，没的焦虑，有的也焦虑，少的焦虑，多的也焦虑，贫的焦虑，富的也焦虑。这就是看不淡的结果，看不淡就看不破，看不破就舍不得。人只有舍得，才能获得安定。这是智慧，我很高兴你有。就像你说的，做好自己能做的，买不起的东西不想，这就是舍得。人人都有自己买不起、得不到的东西，攀比，就不幸福，不想，就幸福。

年轻人大学毕业，选择就业地时，尽量去发达都市，这样机会多一些，财富的量级也高一些。不然，过了几年，结婚生子后，再换地方，难度就大得多，多数人是在一个地方待一辈子的。但是，待在大城市，即使很有钱，看不淡物质，越来越贪，智慧跟不上，搞三搞四，为非作歹，也是没什么幸福的，给家人都带去无尽的痛苦。待在一个小地方，财富似乎不多，但是认真工作，自律知足，照顾好家人，一生幸福却是必然的。而你这种幸福的能力，感染、传承给孩子，可能是对孩子最大的帮助了。能不能在金钱上资助孩子，反而不那么重要。

我建议你选择二。房子没必要换了，买一辆车，提升一下生活质量，也把一个人自由行动的范围至少提升至方圆100公里，生活丰富多彩一些。

祝开心。

连岳

你不要怕自卑

2021－05－11

连叔：

展信悦。经朋友的推荐阅读你的文章几年了，受益匪浅，但是最近我的工作生活却越来越迷茫，找不到方向，不知道以后的路怎么走。

目前我和老公都在上海，我生于1987年，他生于1984年，我们都来自苏北农村家庭，骨子里都有严重的自卑感，觉得自己不如别人。原生家庭贫穷，学历不高，都是大专，所以前面的很多年都在默默地奋斗，从一个月270元的出租屋，到现在在上海有一套房，无锡有一套房。老公考了本科，我考了会计中级职称。但是现在我们却看不清以后的路该怎么走了。首先，我们有一个孩子，上二年级，孩子学习成绩一般，也让我们夫妻操碎了心，在上海以我们的收入也落不了户，目前户口落在无锡。我们关于未来规划的每一步都小心翼翼，唯恐耽误了孩子，却发现对孩子的学习越来越力不从心。其二，我今年换了工作，可能走了狗屎运，进了一家类似国企的企业，但是工作内容却不是我想象的那样，简单基础，感觉没有技术含量。我骨子里是悲观的人，总担心我再失业就不好找工作了。尽管朋友都说我运气好，找了一家好公司，我却一点不开心，我想奋斗，我想有更好的发展，却迫于生活的压力，不敢随意辞职。我老公目前处于汽车行业，公司效益不好，可能随时都有失业风险，我不知道未来该怎么走，才能对我，对孩子，对我们这个家庭更好。

一个找不到路的人

一个找不到路的人：

你现在只要做好一件事，你，你的孩子，你的家庭就会更好。那就是放下自卑。你仍然太自卑。

很多人在人生之初都有自卑感。这是难免的，人类像其他一切物种一样，在竞争中生存，竞争的一大策略就是攻击，让对手让出资源，甚至失去性命。自卑者，往往就是被攻击者，总觉得自己不行，还没开始竞争，自己心里已经放弃了。自卑者能否走出自卑，就是成长的一大关键，否则就将陷入永远的自我否定，最后证实对自己的攻击是正确的。

地域歧视是最廉价的攻击武器，因为出生地不同，我就天然优越于你，用起来多么顺手，就像全国闻名的苏南苏北歧视链。从你身上也可看得出来，这种歧视给你植入了太深的自卑感。最大的自卑就是你可以不自卑时仍然自卑。自己有了好工作，那不过是狗屎运，没什么可高兴的；丈夫工作不好，那他一定会倒霉。再好的生活，都会死于这种自我诅咒。你们上海一套房，无锡一套房，资产赢过绝大多数中国人，有什么可怕的？你们的儿子即使一直成绩不好，又有什么关系？你们的成绩也不好，但认真生活，不也上海一套房，无锡一套房？再说了，他的人生起点可不是贫穷家庭，他家在上海有一套房，无锡有一套房。

不要怕经历过自卑，某种程度上，这比你当初那些对手的自大更好。他们认为自己天然高人一等，偷懒了，没学到本事，一事无成，到大家都长大了，成熟了，早就放弃地域歧视这种幼稚毛病了，他们还是只能靠地域歧视获得优越感。他们不知道，自己在观众心中的地位有多低，有多可怜。而像你这样的自卑者，为了证明自己拼命奋斗，不知不觉，就上海一套房，无锡一套房了。

你们自己的成长史，就是你们家独有的文化基因，是其他人没有的教材。你们在教育孩子的过程中，要善于提炼自己的成功点。是哪些人品与方法让你们一直走在正道上，我想，不外乎诚信、善良、努力、用心、踏实之类，用自己的亲身经历，你讲起来特别有说服力，这些品质将让你的孩子一生顺利，不管他成绩如何，不管他是否也将经历自卑。

你现在要做的就是放松，欣赏自己的成就，对自己说：你做得真好，以后没什么事难得倒你。

祝开心。

连岳

有钱更不能任性

2021－05－13

连岳老师：

您好！

早几年的时候开始关注您的公众号，一直非常欣赏您正能量的思想，以及不刻意讨好读者但又非常真诚的态度，而且在看待房产投资这件事情上，我与您保有高度一致的观点。

最近一直看您给读者解惑，也想跟您聊聊自己的困惑。可能不是什么火急火燎的人生大事，却一直隐隐约约在困扰我，希望连老师能指点迷津。

先说说自己的基本情况，身在一线城市，四口之家，两个孩子，我和先生同在金融行业，工作稳定但行业竞争也大。得益于上一辈和自己对于房产投资的执着，通过两代人的努力，在“魔都”攒下了几套房产，市值能有个几千万元，虽然比不上真正的高资产家庭，在“魔都”应该也能算个小中产了。

在外人看来，有房有车，家庭和睦，工作稳定，已经是比较理想的状态了。但我心中始终对目前的工作状态不太满意，我不喜欢这个行业，也不擅长精心计算，虎狼竞争，所以一直处于混一天是一天的状态。我想辞职，去做一些我真正喜欢的事情，但是可能真的赚不了什么钱。

因为倒腾房子，身上背着几百万元的房贷，现金流也不是特别充裕，这份工作虽然收入算不上很高，但公积金什么的都交得比较足，很大程度上缓解了我的房贷压力。

如果辞职了，我的那份收入和公积金就没有了，整个家庭的现金流压力就大了，我在考虑要不要卖掉一些房子，还掉贷款，然后去做自己喜欢做的事情。但是对这个想法，我有些负罪感，我的父辈积攒下来的房产，原封不动地给了我，让我现在的生活少了很多压力，多了很多可能性，我非常感激他们。我是不是应该同样为我的下一代这样考虑？全力为他们攒下足够多的资产，为他们将来的生活打好基础？我的任性会不会给下一代带来影响？

有时候我想自私一点，为了自己的生活任性一下，又时不时地被下一代的负担所困扰。

连老师，人到中年，还有资格为了自己自私任性一回吗？盼复！

一个犹豫的人

一个犹豫的人：

如果把任性理解为不管不顾，让别人支付自己冒险的成本，那么，任何一个人，是穷是富，都没有任性的资格。

如果把任性理解为符合自己当下情况的最优解决方案，那么，任何一个人，都有这个权利。资产多的人，这种权利还大一些。毕竟钱可以解决很多问题。人努力挣钱，不就是为了选择多一点吗？所以，在这个层面上，你可以任性，只要和丈夫达成一致就行。然后按你的计划出售一部分房产，还掉债务，去做你想做的，可能是低收入、无收入的工作。要反复确认的一点是，你保有的资产仍然可以让一家人在接下来的日子里体面生活，即使你丈夫以后也像你一样任性。

每一代人都只想着把钱留给下一代人，这种做法在逻辑上是不成立的，总会有某一代人没出息，不成器，积累的财产全传给他，刚好败光，那就是大悲剧。君子之泽，五世而斩。五世还是厉害的，过不了当世的有的是，太多二世一看也是败家子。财富是大能量，不会只留在某个家族中，它总在流向更配得上它的人。

如果我们挣钱的时候，目光能远一点，远到五代之后，那财富就不会伤我们。控制财富能量的标准是什么？我们的祖先说得很好了，《大学》里说：仁者以财发身，不仁者以身发财。财只能让身更好。身是什么？包括你的肉和灵，肉要更健康，灵要更高尚，这个财就是好的。不义之财刚好相反，成本是肉与灵都腐败。

你想做一些喜欢的、收入不高的事，这属于以财发身。一是自己的身体可以放松（当然，前提不是家人更累）；二是许多事确实是社会需要，但无钱可挣的，这些事让穷人去做是不道德的，只能富人去做，相当于回馈社会。

财富其实是责任的另一种体现，对自己、对家人、对社会的责任；财富越多，责任越大，不仅要用它发自己的身，还要发其他人的身。知道这点，那一个人是忙是闲，是投资是消费，总是不会犯错的。

祝开心。

连岳

什么是爱的初心？

2021－05－26

尊敬的连叔：

有一件关乎我今后人生走向的大事，困惑了我很久，让我夜不能寐、无法抉择。望连叔能在百忙之中看一下这封邮件，并给予答疑解惑，非常感谢！

我和老公都是985大学硕士毕业，毕业六年，目前在武汉有两套房，市值约500万元，房贷250万元，无车，无孩子，存款70万元。我们两个属于典型的凤凰男/女，靠上学走出农村，改变了自己的命运，所以工作努力、上进。但是春节后，因我所在的公司资金链断裂，最多还能维持两个月，我就要面临失业或者重新找工作的局面，但是我现在33岁，已婚未育，职场对我这种女性真是不友好，找工作屡屡碰壁，非常灰心。刚好我的现任领导在广州找到了一份不错的工作，这个领导对我非常赏识，提出如果我愿意跟他一起去广州工作，就给我部门副总经理的职位，并允诺60万元的年薪。说实话，我很心动，如果我抓住这个工作机会，去广州的公司镀金后，我的个人职业发展将会有一个大的飞跃。

但是我纠结的是：如果我去了广州，就面临跟老公异地分居，而老公在武汉的工作很稳定，收入也不错，没必要牺牲他的稳定工作随我去广州，并且，如果我去了广州，至少两年内不能怀孕生子，两年后如果再生孩子，那时候就是高龄产妇了，面临一些未知的生育风险。但是以我目前已婚未育的情况，再加上武汉受疫情冲击，在武汉找工作真是难上加难，如果我放弃广州的工作机会，留在武汉，就面临失业在家，未来可能至少一年半时间不能出去工作（怀孕生子）。我没有收入，老公要一个人供两套房贷（月供 1.5 万元），负担怀孕生子的开销，压力实在太大。

我老公对我还不错，不抽烟不喝酒，也不乱花钱，三年前因为要和他在同一个城市生活，我放弃了在南京不错的工作，只身来了武汉。在武汉的三年，工作情况不如在南京好，没有大的起色。我本人比较好胜、自尊心强，之前一直因为我舍弃南京的工作来武汉，在武汉工作又不顺利，所以觉得自己牺牲太多……现在我的情况比三年前更复杂，如果这次还是我为了家庭，放弃大好工作、面临失业，我真是心有不甘……

这个问题困扰了我很久，我甚至觉得我都得焦虑症了，心里一团乱麻，不知道该怎么选择。连叔，我该怎么选择呢？

一只走失的海豚

一只走失的海豚：

“不忘初心”这个提法好，因为初心很容易忘，初心忘了，人就失去了标准，仿佛身处虚空，没有上下左右，不知什么是前进，什么是后退，只剩下盲动，而盲动必然犯大错。

相爱的两个人，也不能忘了初心。

初心是什么？是刚出发时的心。

爱的初心是什么？看两个要好的小朋友就知道，他们天天想在一起玩。两个相爱的人，就是想在一起玩一辈子，从青春到白头，从生到死，从今生到来生——如果有来生的话。就像你三年前从南京去武汉与他团聚。其中有多少你认为的“自我牺牲”，其中就有多少爱。

其实生活给了你们不错的回报，短短六年，资产已经可观。相爱的人有合力，两个人的力量远大于一个人，团聚的两个人的力量也大于分离的两个人，你们就是例证。你们现在处于可进可退、可行可止的舒适状态。人生计划中有要孩子这一项，那 33 岁的你，应该马上着手实施，再拖对母子都更不利。生孩子期间，收入下降，或没有工作，这不能算成损失，这是你人生收益了孩子，完成了一件大事。不能什么事都算钱，就像给你多少钱，你都不会卖孩子一样。生孩子时限短，挣钱一生都可以。

这时候有人画了饼，你想从武汉到广州，那就是忘了爱的初心，将舒适状态变成焦虑。挣钱凌驾于一切之上，凌驾于两人的团聚，凌驾于孩子的出生。即便这饼变成真的，又如何呢？还是要生孩子，怀孕还得十个月，现在面临的一切问题还在，只是你年纪又大了几岁，那时你们还得为无法团聚发愁，为抽不出时间生孩子痛苦，只是更愁更苦而已。况且，广州这饼不成呢？

如果你们很缺钱，我理解你拼一把的决定。可是你们并不缺钱，每个月房贷 1.5 万元，不是有 70 万元存款吗？能还 46 个月，别说一个孩子，理论上，可以生四个孩子。存钱不就是为了用在这种时候吗？穷孩子在金钱上容易犯只进不出的吝啬错误，花一分钱都似割肉。如果变成了守财奴，再多钱都还是穷。钱该用时要毫不犹豫地用，这是存钱的初心。生孩子时都不用，钱只会带来双倍的痛苦。安心生完孩子，然后满血复活重出江湖，武汉那么大，有的是好工作，你老公的工作不就挺好吗？

你现在什么都不缺，什么都恰到好处，但因为你缺了心，看不到这一切好，把心找回来就行了。

祝开心。

连岳

没办法时要说这句话：办法总会有的

2021－06－03

尊敬的连老师：

刚刚吃完婆婆包的饺子，算是过完42岁生日了。

这封信在脑海中构思了很久，思绪仍然不清晰。关注您的公众号将近五年，读您的文字已成为每天的习惯，原以为可以从中找到我个人面临问题的答案，事实证明我没有做到，特来请教智慧的您。

我和爱人两人均来自河北省农村，目前已在武汉生活了十年，他博士，就职于一家国企，我硕士，在一家民办高校工作。我俩均属于智商、情商一般的普通人。决定来武汉定居前，我在另外一个城市工作过几年。结婚15年，有一双儿女，家庭还算和睦。两套房子（一套离我单位近，面积小些；一套离爱人现在所在的单位近，面积大些）均在还贷，压力不算大。目前住在离我单位近的那套房子里。看似风平浪静的生活，我却快过不下去了。

2019年母亲确诊肺癌晚期，两年来和我生活在一起，治疗不断，心理承受了很大的压力，所幸母亲目前的病情还算稳定。一家老小六口人同住，居住环境很拥挤。同年，爱人工作岗位调整，从核心部门主管调到了一个无足轻重的岗位上，原因是多方面的，我认为他没有处理好人际关系是主要原因。他一直调整不好心态，两年来花了大量的时间在找合适的工作，结果是没有结果。而我在照顾生病的老人和孩子的同时，也在努力挣一份薪水，并于去年在领导的要求下应聘了部门负责人，结果工作更忙碌了。我原以为我可以兼顾好，结果不是，最近半年我觉得自己得了抑郁症，我不敢去医院，害怕得到医生肯定的诊断结果，疲惫不堪的家里又多一个病人，可是，我又觉得我已经没有力气、没有能力调整自己了，害怕哪一天会从楼上一跃而下……而老人和孩子都还特别需要我……

我常常问自己，为什么两个一直很踏实很努力的人却越来越累？问题出在哪里？该如何解决？我试着分析如下，却得不到明确的答案或者缺少足够的勇气去选择。

主要问题有四个：一是急需换一个大房子；二是母亲的重病给我们精神上带来了巨大的压力与折磨；三是两个年幼的孩子需要我们付出巨大的精力；四是我的身体需要调整休养一段时间。

解决方案：

第一，我和爱人保持现有的工作，我们尽快换一套房子。优点：改善居住环境。缺点：爱人有可能郁郁不得志；身心疲惫的我精神状态可能很不好，会影响到孩子和家庭（其实已经影响到了）。

第二，再给爱人一些时间（其实真的煎熬），等他换成工作（收入大概率是会大大减少的），再考虑置换房子。优点：爱人跟着内心的感觉作了一次人生的选择，减少了人生的遗憾。缺点：家庭收入减少。

第三，爱人继续在原单位工作，我辞职，然后全家搬到大房子里去。优点：改善了居住条件，家庭收入受影响小（我的收入是爱人的七八分之一），我有时间调整一下身心，更好地照顾生病的老人和孩子，寻找机会在家周边找一份工作。缺点：爱人有可能再也没有机会换工作，同时我内心会觉得自己有点自私。

牵手 15 年，从没有如此疲惫！连老师，请您帮帮我！

谢谢您！

一个过了不惑之年仍然惑的求助者

一个过了不惑之年仍然惑的求助者：

人过四十，正是人生最累的时候，老人开始生病，孩子还没成年。绝大多数人可能不得不面对这个难关。我觉得最好的应对是吃好、睡好、照顾好自己的健康，工作与生活不作重大调整，把这几年熬过去。

其实你也意识到了这点。六口人挤在小房子里，谁都没有舒展的、独立的、可回避的空间，上卫生间都得排队，无论是老人养病，孩子学习，还是自己休息，都受影响，日积月累，身心越来越疲惫。你渴望有大房子，就是渴望休息。包括想死，那就是极端化的想休息。

你的几条大房子计划都让你觉得不现实，要么增加支出，要么损失工作，要么工作量大，累上加累。似乎无法可想，人就容易极端。

方法总找得出来。遇见问题，要坚信这点，这有利于我们跳出既有框架的限制。简单的算术告诉我，你们一大一小两套房子相加，面积不小，能保证每个家庭成员享有充足的空间。当然，两套房子的空间无法移动，不能拼在一起。卖掉置换成一大套，你们现在可能也承受不了换房的额外工作量。但房子的使用权和所有权是可以分离的。也就是说，你可以出租自己的那套大房子，在现在住的小房子旁边再租一套房子，这样，现有的一切都不影响，两人可以轮班陪护老人，保证总有一人可以补充体力。当然，你们把两套房子都出租，在最合适的地点租一大套住也行，有很多排列组合的方式供选择。

老人生病时，要防止自己有意无意地压抑自己，不敢考虑自己的舒适，不敢开心，不敢过正常生活，因为那样感觉不孝。其实不对，要让自己恢复到平常才是孝，这样病人才不会有“拖累孩子”的心理负担，你也才能长久地照顾他。人均寿命延长，老龄化社会来临，要照顾一个生病的老人，是常有的事。保持平常心，本身就是一种好的治疗，也才能走长路。

再说你老公的工作，离开核心部门固然沮丧，可是在一个无足轻重的部门能拿可观的薪水养家，这也不错，工作最大的功能不就是养家吗？抓住这个主要矛盾，次要的气也就没那么大了。至少，可以放宽心慢慢找机会。

你们现在的主要任务是好好休息，把睡个好觉当成最重要的事。

祝开心。

连岳

强人不幸福的源头

2021－06－07

连叔：

你好！谢谢你多年来的文章和思想上的陪伴，愿连叔和连太每天心情愉悦，牙齿晒太阳！

连叔，我也有一件事情在困惑着我，是这样的，我跟老公领证一年但还未摆酒，已经住在一起了，我知道两个人在一起是互补磨合、互相变好的过程，但在这个过程中，怎么去判断和把握好互相影响的程度呢？有时候我会觉得好累呀，但是经常又会因为我们之间的状态而感到幸福和感激。

老公现在每天出去兼职几个小时，月入3 000—5 000元，他不抽烟不喝酒，唯一的爱好是踢球和熬夜看比赛，知道我不赞成他熬夜，他会在我睡着后再出去看，长期下来，他的睡眠习惯就是从下半夜睡到隔天将近中午的时候了，你说一个28岁的人，这样太不上进了吧！因为老公家里条件还可以，目前在一线城市他不需要承受房子带来的压力，现在的问题就是我们两个人的家要怎么赚钱，创造更好的生活。

虽说家里条件还可以，但从小他爸妈没有让他享受好的物质生活，他上大学大概就是一个月 1 000 元生活费，毕业之后就是他自己赚自己花，在大学毕业后的三年里都是每个月赚 3 000—5 000 元，每天的爱好就是踢足球，直到我们遇见，在一起之后，他知道了他需要赚更多的钱。但长期养成的生活习惯和思维习惯怎么可能说改变就改变呢？大家都在努力赚钱，又怎么会让每天睡到大中午和不能吃苦的人赚到钱？我目前在银行上班，月入 8 000 元，加上自己炒股，目前存款有 80 万元。老公只知道我的月收入，其他的不知道。我不告诉他的原因一方面是觉得鉴于他目前的工作状况和收入状况不说比说好，另一方面是我从小就有偷偷攒钱的习惯，算是自己的小成就感所致吧。但是我们日常的吃用开销都花老公的钱，他会主动承担，所以目前我是赚多少攒多少（房子住老公家里的，所以没有房租压力）。

最近我的心态有些着急了，也是害怕，我怕我一直以来对待这些问题的方式是错的，我从来不会跟他吵跟他闹，我知道，尽管说是大人了，激励和陪伴也应该如同对待孩子一样。我知道一个人真正开始改变是源于他的内心，我期待着那一天。

连叔，我哪里做得不对？我哪里可以做得好一些？我想和老公一起解决这些问题。

祝好！

早睡早起的人

早睡早起的人：

我们是同类，我也是早睡早起的人。我现在也常劝人早睡早起，这是最典型的躺赢，一天的效率更高，对身体也好。这么好的事，不早点发现太可惜了。但我自己这作息，也只是近几年的事，原来也是迟睡迟起。

希望你老公早日能调整为早睡早起吧。不过，即使不能调整，只要不影响你休息，这也不是大问题。他赚钱少，具体情况具体分析，也不是大问题。一是他没当寄生虫，事事伸手，生活费还是赚够了；二是家境好，一线城市已有房子，额外再挣个三五千元，生活很舒服了。他一辈子幸福的概率很高，生活没有坏习惯，又不贪，能守住父母给的财富。别小瞧守财，它不比发财容易。太有企图心，太想干点大事的富二代，风险反而大，几次错的决策，就能败掉父母创下的产业，最后用房抵债的，也不在少数。

对你这个善于投资的人来说，你容易看不惯老公的知足与守成。你一算账，我有你这个基础，现在可能赚了800万元了。但是从他的背景来看，知足与守成并非缺点，没有改的迫切性。你们的组合，其实是很好的互补，你投资，增值家庭资产，他闲散，多照顾家庭，以后常带孩子一起踢球，这样别说三胎了，六胎都不怕。

强人成家，最怕强人所难，你希望别人和你一样强，甚至只能和你同一种模式的强，不然就痛苦。这往往是强人家庭不幸福的源头，给家人太大的压迫感。摧毁别人，反弹自己。强人要学会接受多样性，欣赏不同类型的强，还得理解弱的力量，这才是强的最高段位，这才是用好了自己的强。幸而能强，就更有责任将强转化成幸福。

祝开心。

连岳

青春与血泪给了深圳，最后却要回老家，如何才能想开？

2021－06－17

连叔：

您好！

提笔写信是因为最近特别沮丧，总是感觉迷茫。

我今年37岁，老公长我10岁。我们在西北老家县城中的国企相识，14年前一起辞职南下来到深圳。满怀热血和激情，同时混杂着身无所长的自卑（我大专，他高中学历），我们辗转多个工厂也吃了很多苦。可谓是受到现实的“毒打”才明白远方并没有想象中那么好。直到今天，才感觉日子稍稍没那么难。结婚12年我们夫妻关系良好，有一个10岁的聪明可爱的女儿，不愿意让她做留守儿童所以一直带在身边。总体家庭温暖和睦，苦中有甜。

昨夜跟老公在出租屋楼顶乘凉，不远处新起的楼盘鳞次栉比，我眼看着它们一栋栋拔地而起到现在的万家灯火。可是，这么多房子却没有属于我们的一间。我们在老家县城有一套价值 20 多万元的房子，现在手里有将近 20 万元的存款。尽管知道这些加在一起想换个深圳的房子也只是奢望，可是还是挡不住我想啊！我也想有自己的房子，我想给女儿更好的条件，可是我们是平凡得不能再平凡、普通得不能再普通的人。老公很知足，觉得两个人从拉着两个拉杆箱到深圳开始，十几年间一点点积累也拥有了很多。他想着过几年等女儿上大学后我们回老家，县城有自己的房子住，也可以照顾年迈的父母。可是我不甘心啊！我们勤勤恳恳努力工作，微薄的薪水想攀上深圳的房子就是奢望，打工人真的不配、不应该在深圳有一套自己的房子吗？难道我们打工人来深圳就是贡献自己十几二十年，青春和血泪都留在深圳，最后回老家去吗？

在此之前很多年从没想过买深圳的房子，心不动便没烦恼。如今起了心，但是没有力，便生出了很多苦恼。连叔，我要怎么想才能使自己没那么沮丧，让自己的心态能平和一点呢？

迷茫的中年女人

迷茫的中年女人：

两个相爱的人结为夫妻，一般来说，他们要完成三个任务：一是为双方的老人养老送终，使他们不恐惧；二是将孩子抚育成人，使他们不孤独；三是在生活的压力与考验之下，爱不消失。

三个任务完成得好，无论贫富，都受人尊敬，是成功的爱情与人生。有老人不养，有孩子不教，辜负那个将一生托付给自己的人，那么，这人穷是烂人，这人富也是烂人。

从你的来信，我可以断定，你们这三个任务将完成得好。你们的爱情与人生是成功的——即使在深圳始终没有自己的房子，退休后将回老家县城。

确实，人奋斗后没有达到自己的预期目标，会有不甘，会有遗憾。人难免会比财富，但对比上面三个任务，你就知道，这是小比，不是人生的主线。如果只比钱，世上可能失败者是绝大多数。那样，不论世界的财富总量如何增长，失败与不快乐都是主流。

所以，人生不能只是比钱，重要的是比爱，比责任，比健康，这样才不会本末倒置。子贡问孔子，穷不觉得低人一等，富不觉得高人一等，这样不错吧？孔子说，是不错，但更高的境界是穷的时候快乐，富的时候好礼。当然，这快乐不是强颜欢笑，这礼也不是虚情假意，它是知道人生本质后的真心流露，能驾驭一切境遇。你是在深圳买不起房子，可是你有爱你的丈夫、可爱的女儿、温暖的家庭。命运纵然让我穷，我也能经营出这些大快乐，这是大成就，你们应该自豪。多少人受了命运的厚爱，一手好牌打得稀烂，不会爱人，最终也没人爱他们，他们才应该沮丧。

祝开心。

连岳

父母的招呼

2021－06－20

亲爱的连叔：

见信好！

虽然按年龄，称呼您连叔不妥当，但我觉得大家都这样叫，很亲热，也很尊敬。去年疫情期间，看了朋友转发的您的一篇文章，一下子就被吸引了，循迹找到并添加了您的公众号，后来就喜欢上您的公众号了。一年多来每天早上都会先看您的文章，并将合适的推荐给家人和朋友。我从中学到了很多。谢谢连叔，于我，您是一位老师和人生导师的存在！

我今年48岁，老公大我一岁。我们都是湖南农村出身，我和老公都是高中学历，高中一毕业就来广东打工，1997年结婚，育有一儿一女。几十年如一日，辛勤地工作，夫妻一心养育孩子，操持家庭。其间因缺乏长远眼光错失创业、置业的机会，自身也没有长期学习的意识和精神，加上行业不景气，长期工作的单位倒闭，所以现在工作上也没有好的成就。回望人生最重要的黄金阶段，常感失败和失落。一晃几十年过去了，也只在广东中山城镇有一套自住商品房，一辆代步车。无房贷车贷，有少量积蓄和一份普通的工作。唯一欣慰的是两个孩子都很善良，懂事优秀。女儿本科和硕士都是在上海排名前四的高校读的，现已经落户上海，并在上海工作半年；儿子今年也高考完了，预估分数应该也能上 985 高校。成家这些年，感觉在两个孩子的养育特别是在教育这方面已尽力了。

但因长年在广东工作生活，父母公婆都远在几百公里之外的湖南。这些年没有尽到做儿女的责任，常常感觉愧对四位老人家。现在孩子们大了，不需要我们的照顾了。四位老人家年纪也大了，心态已不同以前，最近常常流露出希望我们回他们身边工作生活的意思，按理我们应该回到父母身边尽儿女的孝道（我和老公这几年也一直在考虑这个问题），但想到要离开熟悉了几十年的工作生活环境，回老家再重新开始（回老家得重新找工作，也只有农村有房子），加上我们现在这尴尬的年纪，又有些缺乏勇气了。这段时间一直很焦虑，很纠结这件事，期望连老师能帮忙指点迷津！

祝连叔及家人一切安好！

不该迷惑的迷惑人

不该迷惑的迷惑人：

你们这对夫妻很优秀，优秀到你们现在的迷惑都是不少人没资格的迷惑。不到50岁，很多夫妻的重心还在孩子身上，有人二胎还小呢。你们已经出色地完成养育工作，孩子开始高质量地自立。

你们的同龄人，父母也老了，面临同样的养老问题。这些父母也想要孩子陪伴，可完全不敢有这份奢望，他们深知孩子还处于生活的重压之下，只能自己孤独一点。

中国地域辽阔，这几十年又是国内人口大迁徙的时代，两代人相隔百里千里是常态。父母老了以后，养老问题就变得难解，要么夫妻双方的父母（四个，甚至更多老人）迁移至孩子所在之地（主要是经济更发达的地区），但多数孩子没这个经济实力，多数父母也不愿意硬生生扯断一生的社交圈与舒适圈。而孩子由于工作与生活的牵扯，也不太可能返回老家，见父母只能逢年过节，外加生病之时。这是在完成城市化进程中，几代人不得不接受的痛苦代价。它虽然普遍存在，但它并不值得追求，如果时机合适能改善，当然应该毫不犹豫地改善它。

你们就有这个时机。还年轻，但慈育孩子的任务基本结束。你们改变常居地点回到老家，重新找工作，或者自己做点生意，也可顺其自然完成，平滑地进入孝养老人的阶段。广东中山城镇的房产，你们结合这十来年房价的走势，看看当地的经济发展前景，若可保值增值，那就留着收租，用这租金，也可在老家供房，以房养房，居住压力并不会更大。

慈育孩子，孝养父母，在中国人的传统价值观里，从来都是了不起的成就，是最值得尊重的。所以中国的中青年，从来都是压力大的，此时兼具双重身份，是自己孩子的父母，要慈育，是自己父母的孩子，要孝养。也正因为必须经过这层考验，中国人普遍具有责任感、同情心，幼吾幼以及人之幼，老吾老以及人之老，价值观与方法论从家庭升华到国家与天下，家庭再小，都运行天理，国家再大，又像家庭一样温暖。

中国自去年以来，之所以防疫最成功（顺便也为经济复苏最成功创造了条件），有三个原因：一是执政者出色的管理能力；二是科学技术的进步；三是中国独有的传统价值，推己及人，自利利他，齐家治国，这是一个更高级的国家形态。三个原因缺一不可，而传统价值，经过数千年的积累，才变成我们的文化基因，这是别人很难追赶，甚至还没能力理解的。

我要恭喜你们有机会孝养老人。你们善良勤奋，在哪里都必能养活自己。而且我相信你们会活得好。

祝开心。

连岳

生活要有“60分万岁”的精神

2021-07-09

连叔：

您好！

我跟老公都是1990年出生的，国企基层员工，相恋五年，去年年底结婚。本科毕业后均在北京工作。一边工作一边都考上了研究生，研究生毕业之后来到广州工作，在广州生活。

最近我们来到了人生的十字路口，我隐隐感觉到如果选错，会对我们的小家庭产生巨大的影响，因此惴惴不安，异常迷茫。

我们都是普通家庭的孩子，家境并不优渥。因前些年在北京工作，两边家里掏空积蓄在环京买了套房，贷款几十万元，读研这些年我们也没有积蓄。结婚后，已经30岁出头的我们被家里催生，而我们每个月除了房贷还有房租要交。国企的工资并不高，已经捉襟见肘，不敢想象有了孩子将面临多大的挑战。他家里父亲已经去世，只剩一个年近古稀的母亲，也不可能我去上班，她一人带小孩；如果为了保住我的工作雇保姆，我们家可能还是雇不起。我父母也因为家底掏空，退休后依然在打工。

为了摆脱困境，我老公重新找了份广州国企的工作，比之前的工作每年税前能多10万块钱，具体还要看企业当年的绩效情况。与此同时，我们在北京的朋友开了一家公司，希望我老公出面管理公司，允诺年薪最少在50万元，并在我们一分钱不出的情况下，给我老公10%的公司股权。我们应该怎么选择呢？是我在广州继续工作生活，他去北京朋友那里挣三四年钱，再回广州重新找份国企的工作吗？那时候我们以及孩子还有双方父母都会轻松些吧？还是让他不要回北京赌这一把了，就在广州的国企继续熬着？可是这样不知道什么时候能攒够钱有我们的孩子呢。

十字路口的小七

十字路口的小七：

生活要有“60分万岁”的精神。

怎么理解呢？就是那些你非做不可的事，条件具备到60分，就可以行动了，也必须行动了。不具备基本的条件，不及格，你去做，成不了。你想等到条件100分再做，那永远也无法开始。这是符合进化论的，非做不可的事，最重要的就是做起来，在做的过程中不停进化，从 60 分到 70 分、80 分，甚至 99 分、100 分。60 分开始，100 分结束，这就是“60 分万岁”的精神。

生孩子既然是你们非做不可的事，你们现在的条件有没有 60 分呢？夫妻研究生毕业，有手有脚有工作，可以打 70 分。年纪也到了 31 岁，不宜再等了。孩子出生，确实会给家庭带来压力，但压力就是动力，没有压力就没有进化，就像你丈夫有经济压力，在广州换了工作，就增加了 10 万块的年收入。有了孩子，家庭目标更明确，责任感更强，人变得更靠谱，收入更高，这是常有的事。

再等三四年，你老公在创业公司 50 万元年薪拿够了，再生孩子，这想法过于理想化。未来的事，告诉你 100 分，只能当 60 分。创业的事，告诉你 100 分，你最好当成 0 分。很可能你老公钱没赚到，创业却失败了。那时你 35 岁左右，经济更紧张，岂不更怕生了？要记住，创业从来不是救急脱贫的良方，创业是要输得起的，是有钱后的奢侈品。

放心生吧，你们养得起孩子的。我们的父母比我们穷得多，不是把我们养得好好的？

祝开心。

连岳

爱无佛系

2021－07－11

连叔：

您好，展信佳！祝福您跟连太一切都好。

我是第三次写信给您哦，前两次的问题在写完信后不久，自己得到了答案。这次，也希望在没有得到您回信的前提下自己得到答案。

我看完了“60分万岁”后，逃避的问题又一次浮出水面。我和我老公在创业，摄影行业，至今还没有生育孩子，房子也没有。以前的我很佛系，说不买房不生孩子，可现在的我，犹豫了，想买房生孩子，然后我就跟老公说了这个事，但这似乎让他一下子有了很大的压力。一直以来，他不是说毫无斗志，就让我感觉总是不够拼，我们创业没怎么亏本，但也不赚钱，一直是收支平衡状态。年纪也30岁出头了，摄影行业是体力活，我能想象得到我们不可能干一辈子，而他只有这个技能。我以前做文案，现在帮助他，共同维持我们小小的工作室。

我不知道还该不该继续提生孩子和买房的事，我连“60分万岁”这篇文章都在犹豫要不要分享给他（一直以来我都分享您的文章给他看的，他也会看）。之前跟他谈过房子孩子的事，他是赞同的，但我知道他内心在焦虑，看到他突然开心不起来，我又打消了生孩子的想法，我不知道我以后会不会后悔，我也迷茫了起来。

我不像“60分万岁”信里的主人公那样渴望孩子，但也迷茫，我们这样子得过且过，不太拼，以后会不会越来越惨呢？我生孩子不是为了养老，之前不生是觉得自己还没有自由够，也没本事培养一个孩子，现在的我，有这个准备了，但老公却退缩了，我不知道怎么办。

一个普通人

一个普通人：

你们想要孩子房子，房子什么时候买都有，而孩子，过了那个年龄就无法再有了，你们这样拖拖拉拉，以后想要孩子而无法要，后悔是肯定的。

在孩子问题上，只要你想要，那最好尽早要。想要孩子就是生孩子的最充足的理由。孩子怎么会养不起？他需要的不过是你的爱再加一点点食物。放心，孩子的食量并不大。

你丈夫一听到房子孩子就不开心，觉得有压力。你再爱他，也不能回避这个问题，他再有压力，你也得谈。爱的本质，就是为所爱之人承受压力。不生孩子可以省养孩子的钱，就没压力？大错特错，不生孩子压力更大，这意味着必须挣足够多的钱，以保障漫长晚年的高质量的生活，这压力不大吗？

只要你爱一个人，那么，无论你选择哪一种生活方式，都只能是进取的、承受压力的。一个所谓佛系的人，不想努力过上好生活，房子也不要，钱也挣不到，混一天算一天，选择这种生活方式，固然是一个人的自由，但选了，就没有资格爱，一个人混一辈子好了，这要有自知之明。爱这么珍贵，你一个佛系的人，怎么好意思来要？来要就是假佛系。所以，你们的孩子与房子，不仅要说，还要多说，要真说，要设定计划，按时完成。

祝开心。

连岳

老公得了怪病，是否要让他病得更重？

2021-07-16

连叔：

你好！

去年就想给你写信了，后来因为这个问题暂时解决了就没动笔。现在这个问题又出现了，所以想听听你的建议。

首先说明一下情况：夫妻双方都是在职员工，有一个5岁的小孩。目前跟公婆一起住镇上，平时婆婆接送小孩，照顾我们日常生活起居，很感谢她，让我们生活上比较轻松。

因为生活方面得益于公婆的照顾，我们自己在三线城市的市区购买了一套小三室一厅的房子，今年下半年即将装修完毕。明年下半年小孩读小学就要入住了。现在我们的收入主要这样安排：我先生负责还房贷，我负责还买房的部分借款和装修的钱，还有小孩学习的费用。根据现在的收入情况，我们之后自己住的话，这两年在资金方面刚刚能支撑。

现在的问题就是我先生准备辞职考研，如果这样，目前我一个人的收入支撑不了后期家庭的支出。小孩以后的兴趣班基本都没什么资金支持，我也会没有时间陪伴他成长。我先生的想法是如果考上了找亲戚借钱，他边读边打工并负责照顾、辅导小孩之类的事情。他考虑毕业后做培训老师或其他行业。其实我心里是不支持的，毕竟我们都是30多岁的中年人了，上有老，下有小，正是需要钱的时候。这个年纪去读研，出来也没什么优势。去年因为要装修他暂时没离职，现在又打算离职了。如果这次考不上，他打算换份收入高点的工作。

考虑到他目前是在职准备考研中，所以上半年装修涉及选材这块我们会一起去选一下，剩下的就我去跟进对接。小孩教育现在也是我在负责。主要是感觉不支持，他会有遗憾。支持的话，万一真考上了，我担心后期承受不起生活压力，所以对如何更好地处理这件事比较迷茫。

希望连叔能给点建议。

谢谢！

一个努力生活的人

一个努力生活的人：

你不支持他考研，他会有遗憾？你支持了家都没了，这是不是更大的遗憾？

一个30多岁的男人，为人子，为人夫，为人父，身兼多重责任，撂担子辞职考研，应对办法竟然是借钱过日子。他这不是有追求，是得了一种精神疾病，叫作“等我考上研究生就会荣华富贵病”，多发于不负责任的、不务实的、爱做白日梦的人群。老公患上这种病，你的当务之急是让他醒过来。旗帜鲜明地反对，他才能醒，他该做的事一点不能少做，该吵就吵，该骂就骂，打一架也不是不可以，一切让他病情缓解的手段都可以尝试。你的态度如果是“考研好伟大，不考有遗憾”，用一副牺牲的姿态配合，那会让他病入膏肓，你们这个家庭也要陪葬。

想考研没错，但成家了，把家养好是第一位的，这个顺序不能颠倒，颠倒了就是病。很多人以为自己生活不够好，是因为文凭不够高，这属于归因错误。文凭低却活得好的人，比比皆是，文凭高却活不好的人，也比比皆是。没有责任感，文凭再高也活不好，谁沾谁倒霉。不制止你的丈夫，不让他履行自己的家庭责任，别说你的生活难以维持，你的形象与信用也会受损，无论有没有借钱给你们的人，在他们心里，他是笑料，你也是。

制止丈夫犯致命错误，这是你的责任。你不履行这责任，家不成家，你也是有过失的。

祝开心。

连岳

比起爱，财富是更低追求

2021-08-10

连兄：

您好！

关注您很久了，也曾将您推荐给周围的年轻人，希望他们在成长中能受到您的正确引导。对您多年来的引导表示感谢！

我应该和您年龄相仿，但是我对事物的判断差您太多，有件事情想听听您的建议，或者说您回复了我，我的目的也就达到了。因为我女儿也关注您很久了。早两年，我曾经在单位发起了一次读连岳留言被选上发红包的活动，其中也就包括我的女儿，她还领到了红包。

我和我爱人是大学同班同学，1994 年从山西一所大学毕业后被分配到老家山西阳泉的一个国企工作，2000 年年底辞职带着老妈和女儿开始北漂。我女儿 1999 年出生。她相当于在北京长大。2003 年的时候，考虑到孩子上学没有户口，我爱人就辞职去瑞典读了一个硕士，2005 年 4 月毕业回国，5 月按照当时的政策，我们一家三口落户北京。这些年来，我们从老家小城市跑到北京，苦过、累过、哭过、笑过，从来没有放弃！我感觉可能是我们运气还不错，现在我们在北京有房有车，爱人提前退休在家，每天看书、练字、健身。我也是半退休状态。今年女儿从美国普渡大学本科毕业，研究生申请到乔治亚理工学院，8 月底开学。由于疫情，她自 2019 年年初去美国之后就一直没有回来。估计要等到明年年底毕业才能回国了！

我对女儿的成长历程还是很满意的，每到关键时刻，总能踮起脚够到更好的，这对她将来的人生会有意想不到的好处。由于我们从山西来到北京，20 多年，总算是在北京站住了脚，所以我们希望女儿能在我们为她打下的基础上更进一步。所以，我曾经很正式地对她说，希望她找男朋友找个北京的。我没有地域歧视，只是单纯地想让我女儿过得更好一些。找个北京的男朋友，不用考虑房子、车子问题；春节不用考虑去谁家的问题；平时有事，双方家长也都能够帮忙；可以专心做自己喜欢的工作，而不用为了生活不得不工作；等等。

可她找了个青岛的男朋友！因为对女儿的爱，我知道我们不能强求她，所以，我要求他们毕业回国后在北京工作。男孩也是独子，在留北京还是回青岛的问题上比较纠结，我女儿也跟着纠结。她和男孩是普渡大学的同学，研究生一起申请到了乔治亚理工学院。男孩也是一个优秀的孩子，善良、孝顺，所以才会纠结。

连兄，我想让孩子留在北京工作的想法对吗？全国各地的人才都在往大城市拥，他们也算是学业有成、比较优秀的年轻人了，难道不应该留在大城市发展吗？帮帮我，怎么说服他们？

非常感谢！盼复！

老蔡

老蔡：

女儿在大学就找到意中人，这是很幸运的。现代社会的一大矛盾就是求学的时间与恋爱婚姻黄金期的冲突。真到完成高等教育再开始恋爱，有时就显得来不及，很被动。不少年轻人才把工作安顿下来，刚刚适应社会，也没偷懒，一转眼就 30 多岁了。我是建议大学生谈恋爱的，身边都是经历、学识与见识相当的同学，此时不谈，更待何时？

中华文明在这一百年里最大的收获是什么？是知道了把基本原理与具体实际结合起来，实事求是。字面上无人不知，但要用起来才知道其威力，不然就是教条主义的书呆子，道理知道得再多，生活都一塌糊涂。基本原理有很多，社会主义有，市场经济有，传统价值有，城市化也有。

你理解城市化的基本原理，这让你很容易判断出北京的价值。但具体到个人，是不是所有人都应该去北京？那肯定不是。举个最简单的例子，老蔡，看得出来，你们夫妻恩爱，假如从明天开始，你爱人必须待在阳泉，你只能选择到阳泉陪她，或留在北京至死无法见面，你怎么选？会因为北京机会更多、医院学校更好、文化娱乐更发达而抛弃爱人吗？不会。因为爱的价值比这些都高，为了爱，可以接受其他条件差一点，这才合乎逻辑。你女儿现在面临的选择是一样的，她为了爱选择青岛，一点也不奇怪。为了城市化而城市化，为了北京而北京，完全不看具体实际，也会耽误很多人。北京好，但北京不是全部，北京有几千万人，但其中可能没有你的爱人。

独生子女成家，双方父母都有让他们留在自己身边独占的冲动，而且都可以拿出充足的理由。互不让步的话，孩子或许只好分手，牺牲他们的爱。这是爱自己多一些呢，还是爱孩子？可能是以爱孩子之名的爱自己。要让他们幸福，双方父母真要宽容，要放手，甚至只有一方父母宽容放手都行。你们夫妻都退休半退休了，有钱有闲，即使女儿在青岛，你们想她，常去青岛看一看，不是很容易的事吗？

父母能量大，有可能让孩子更窒息，什么事都受父母控制；也可能让孩子更自由，人生的探索与尝试有父母当坚强后盾。要当后者。况且，青岛也是大城市。如果孩子的所学，需要她去农村，去野外，去戈壁，甚至将来去火星，人生才能有所成就，父母也应该支持的。比起爱与成就，财富是更低一级的追求。理解城市化的基本原理时，不能忘记这条人生的基本原理。

祝开心。

连岳

家庭生活避免焦虑的大原则

2021－08－21

连叔：

您好。

关注您很久了，感觉您每天在给困惑的人指引方向，方向真的是太重要了。我也有一件事，困惑了我很多很多年，希望您能帮帮我，我实在不知道该怎么办了。

我出生在天津一个普通的工人家庭，我爸很勤劳，除了本职工作，一直都做兼职，就算辛苦也毫无怨言，就是为了提高我家的生活质量。我妈也是个心地善良的人，对我们很好，对爷爷奶奶很好，属于乐于付出、默默无闻的类型，但就是性格特别强硬，说一不二，脾气特别不好。可能她也是因为童年阴影，我姥爷早早去世，家境不好，我姥姥还总生病。所以我从小的印象中，我妈每天都心情不好，很凶，对我也十分严格。我爸对我妈一直很忍让，但是自从我上初中开始，我爸开始忍耐不了了，他俩从此经常吵架，也经常闹离婚，每次吵架的原因也都是些生活上的琐碎小事。

就这样，磕磕绊绊，直到我18岁高考，考到了外地一所211大学，一家人都很高兴，但是这种欢乐也没有维持太长时间。

由于天津工资水平很低，我妈也面临下岗，我又到外地上大学，各种内外因素叠加，我爸就在我大一的时候，经过再三思考决定辞职去北京发展，把之前的兼职转化为全职创业，我妈也跟着一起去了北京。就这样，快二十年了。在这二十年里，他们非常辛苦，挣了挺多钱，但由于共同经营生意，吵架频率也不断升高，而且只要一打起来，也不管我在外地上大学，就要把我叫过去，我就坐十个小时火车，去给他们调节矛盾。我当时宿舍的同学，都特别不理解我为啥要管父母的事儿，我也不理解，但是从小我就被卷入他俩之间的战争，他俩一吵架就冷战，然后通过我传递信息，我还得两边劝。我也是特别爱他们，总是怕他们吵架生气伤身体，总想着赶紧劝好。

后来我研究生毕业，也来到北京工作，跟男朋友（大学同学）在北京安家，结婚，生子。我俩在北京结婚的房子都是我爸妈买的。我和我老公都是互联网行业，收入水平也还可以，有个乖巧的女儿。这些年，通过我们的努力，我爸妈在北京、天津置办了三套房产，我们俩在我爸妈的部分资助下也在北京买了两套房，虽然不是什么太好的房子，但是也感觉生活比较幸福了。但是，就在今天中午，我在公司吃着午饭，我爸一个电话就过来了，又吵起来了，充斥着脏话和愤怒的情绪，我吓坏了，手都在抖的那种，赶紧开车回家。距离上一次吵架，才过去两个月吧，和好可能才不到一个月，这种频率已经比之前低很多了，很无奈。他俩通常吵架的原因都非常琐碎，因为生意上一点“小事”，多了几百少了几百。虽然在我看来是小事，但对他们来说，是天大的事，那一代人都是非常节俭的，所以他们才能挣那么多钱，攒那么多钱。

对于我爸妈的事儿，我特别痛苦，小时候哭过无数次了，之前甚至会想，都怪我，如果不是为了我，他们就不会一直那么辛苦挣钱。前些年我妈还会给我钱，强迫我提前还房贷，我不要不行，跟她哭也不行，就得听她的。有的时候，我就会觉得欠他们特别多。我跟他们也哭诉过，因为他们，我会对婚姻产生阴影，我太怕吵架了。但是他们会说，我们还给你钱了呢，你怎么不说，阴影什么阴影。唉，可能我爸妈，或是上一代的父母，心思都很粗糙，我有的时候甚至会怀疑他们是真的爱我吗。想想，当初我整个孕期，我爸妈都在吵架冷战，我妈躲在我家待了整整好几个月，闷闷不乐，我两边劝说都失败，我就自己偷偷地哭。这些他们都是知道的，如果真的爱我，为什么就不能因为我停战？

有的时候真的不知道该怎么办，我用尽了我能想到的所有方法，强势的、恳求的等等，都不能改变他俩。我真的劝烦了，喊烦了（这几天本来感冒，中午又一顿嚷嚷，嗓子又哑了)。曾想过让他们离婚，也说过，他们就说我不懂事，怎么能让父母离婚……他们本身是不想离婚的，虽然吵，但还是互相离不开，当然也有传统家庭爱面子的原因。不离婚，又无法和平相处，这到底要怎么办呢？

在对待他们吵架这件事上，我的心态也经历了好几个阶段，比如最开始，我特别恨我爸，一直站在我妈这边指责我爸，因为我爸也会动手，我妈身体还不好。到后来，我长大了，慢慢地去看事情本身，发现真的好多事情都是我妈咄咄逼人，也慢慢体会到我爸的不容易，就会说我妈。不过我妈也听不进去，她听不进去一点批评，她最常说的话就是“我这辈子就没做错过”，我跟她分析她的问题，她还会说我变了。到现在，我开始觉得，我和我爸妈捆绑得太严重了，我应该有自己的家庭生活，他俩的问题就让他俩自己解决。也不知道我这样想对不对，是不是也是一种逃避，但是我还担心他俩的身体，他俩每次吵架跟我说的开场白都是，“我要气死啦，气得我走路都走不了了”。

亲爱的连叔，请您帮帮我吧，我到底该怎么办？这20多年来，每当遇到这个烦心事，我就会跟闺蜜念叨一下，舒缓一下自己的情绪，但是最近几年我也不愿意跟她们多说了。一是她们也理解不了我爸妈都那么大岁数了，怎么还这样，她们也没有解决方案。二是我也不想传播负能量。希望您能为我指点迷津，谢谢！期待您的回复。

一个整体幸福但偶尔极度困惑的女人

一个整体幸福但偶尔极度困惑的女人：

在家庭生活中，为了避免焦虑，有一个原则：一件看起来坏的事，只要它没有引发严重的后果，那就是小事。家人长时间亲密接触，我们知道他们身上的一切毛病，如果我们想改正他们身上的一切毛病，那就是在完成一件不可能的事，想不焦虑是不可能的。

用这原则来看看你爸妈吵架的事。从普遍原则来说，夫妻吵架当然不是什么好事，吵一辈子更是坏事。但具体到你父母，他们吵架耽误了什么事吗？没有呀！他们心地善良，孝顺长辈，慈爱孩子，有勇气接受挑战，创业成功，经济自由。他们的人生任务完成得非常漂亮，所以他们吵架就是很小的事，小到不值得生气，不值得当裁判，也更不宜期望他们从此改变，再也不吵了。

他们会吵到天荒地老的，这是他们另类的沟通与依恋，也是获取你关注的一种方式。我爱你，我离不开你，有无数种独特的说法。破解了他们的密码，就可顺其自然。他们吵了，各自安抚几句，像小孩和小狗跑到你身边小小地捣乱，你摸摸头抱一抱就是了，没什么大道理可讲的。多听少说，不下判断，适时引导他们说一说开心的事。他们的人生充满了故事，是个宝藏，你不问，他们自己可能都忘了。这种倾听，也是传承，是一个寻宝的过程。人生的种种挑战，大致相同，每代人都逃不了，善于从父母的经历中得到经验教训，人生可以省力不少。他们吵架找你时，你既是劝解，又是陪伴，还是学习，一举多得，不是浪费时间。你大可放轻松，你放松了，他们也更容易放松。

祝开心。

连岳

老公负债买豪车，我怀三胎，这日子怎么过？

2021－08－29

连叔：

你好！

在凌晨三点忽然醒来，一点都睡不着，我不知道你会怎么评价我的这个事情。白天表面上还过得过去，可是到了晚上恐惧就开始吞噬我。

先自我介绍一下，我和老公是大学认识的。后来结婚生子，现在女儿快上四年级了，儿子去年出生的。在儿子快五个月的时候我又怀孕了。一开始没有想那么多，就想着有了就要着，这个不是我要说的重点。

我要说的是我们的经济问题。我们开了一家天猫店铺，三年了，一直没有做起来。还开了一家阿里巴巴的店铺，也赚不了多少钱。我现在也没有精力去管这些事情了。我这一拖三的家庭事务以及养育孩子的具体事情就把我的时间填满了。说说我老公，去年在一分现钱没有的情况下订了一辆宝马5系车。首付用的都是信用卡，到现在为止加上首付的钱和每月还月供，已经进去20多万元了，也都是用信用卡在转。上半年没有赚钱，也是信用卡在转，估计现在信用卡套出去近40万元了（包括买车子的钱）。去年年底让我爸爸给我们贷了20万元，现在资金已经断了，下个月估计连信用卡都难还了，老公又要去贷款30万元，手续费加利息估计也有3万元。还借了亲戚朋友估计有10万元。这样一来债务就有100万元了。我们有一套在还贷款的房子（还没有入住），加上车位贷月供5 000多元，如果把我们房子卖了，还掉银行80万元，手里估计还有90万元左右。

每次只要跟他说这些问题，他就说不要我管，他有办法。他的办法无非就是找朋友借。我说借钱哪有这么容易，果真，借钱才发现不是你想借就能借到的。这样下去我们不仅财务崩溃，还会信用崩溃。他还说我只要带好孩子做好我做的事情就行了。他说人要努力，有压力才会有动力，只要他把店铺盘活了，一切问题就可以解决了。37岁的人，马上三个孩子的爸爸了，经常自命不凡，觉得自己肯定能干出一番事业。只要我一持怀疑态度他就不耐烦，说我在打击他的信心，他说这半年我们有时间回转，要相信他可以解决问题的。但是我心里一点底都没有呀，连叔！

我想把车子卖了，估计要亏10万元吧，但是没有遮羞布我会更轻松。老公犟得像驴，估计听不进去。

房子我也想先卖了，先把这个窟窿堵上。

连叔，你说我该怎么办，三个孩子把我捆得结结实实的。怀了三胎就连爸爸妈妈也说我脑子有问题，给自己找事做。老公又根本听不进去的样子。

不知道连叔能不能看到我的这封来信。祝连叔连太好！

无助的三宝妈妈

无助的三宝妈妈：

你的想法是对的，债务的窟窿得先堵住。否则的话，利上滚利，债上加债，再过一两年，资不抵债，窟窿大得堵不上，一家五口就真难办了。

创业，本质上和过日子是一样的，要过得好，就得风险可控，量入为出，有一定的现金储备。不是说不能借钱，有时候自己有钱也会用银行的贷款，前提是有足够的能力偿还，还能降低资金使用成本。

创业，可难可易。说它难，失败一次，整个身家可能就搭进去了；失败两三次，一辈子就没了，还连累家人过苦日子。说它易，这世上的一切自雇者，从单打独斗到大企业家，都是创业者，他们的数量很大，很多人活得不错，有的成为富豪与精英。要往易上靠，就要有正确的创业观。

你丈夫缺的就是正确的创业观。在网络时代，流量可以迅速汇聚，规模可以瞬间搞大，出现了新的创业模式，即不管盈利与现金流，先负债砸钱把规模与流量做起来，然后上市变现。媒体充斥着少数成功者的故事、观点与“金句”，久而久之，人们以为这是唯一的创业模式。其实这是最差的创业模式，考虑其成功率之低，与赌博无异，敢入局的人，要先明确自己输得起，输了，生活不受影响，老婆孩子不会喝西北风。你老公是输不起的，但他认为，先把“成功者”的形象演好，开一部好车，钱就会找上门来。37 岁的人，还如此幼稚、盲目、好赌，是害死一家人的节奏。创业的主流，永远正确的方法，是用可控成本找到盈利点，增加现金流，慢慢积累，扩大规模，钱够多时，才去买部好车。这种创业，退可守，进可攻。退则挣到一家生活费，进则进化成大企业。这种创业者，朴实、辛苦、负责，走出来一点不光鲜、不拉风，更上不了媒体，可他们才是真正的创业者，才是家庭的顶梁柱，才是社会的硬脊梁。

创业者永远不能忘了创业的初心，创业的首要目的是养家，是让家人过上美好生活。让家人日子变苦，拿他们去赌，理直气壮地要求他们为自己的创业牺牲，甚至像你丈夫这样打肿脸充胖子，只为在不知情的人面前装大老板，这怎么是创业呢？这是自杀。

你们家要好，你一定要让你老公醒过来，踏踏实实过日子，把三个孩子养好。在缺孩子的当下，这也是了不起的创业。

祝开心。

连岳

生活幸福，慢慢变富的两个硬指标

2021－09－07

连叔：

您好！

我关注您的时间并不长，但是很佩服您对各种问题的剖析总是能一针见血。我最近也遇到了一些困惑，忍不住想求助于您！

我 32 岁，先生 33 岁，有一个儿子 4 岁，在三线城市，无房，前几年因为我错误的选择导致几乎没有积蓄。本来计划今年开始踏实上班，存首付买套二手房，谁知计划不如变化，7 月份先生腰椎出了问题，至今未痊愈。他没有一技之长，这几年都在从事物流行业，就算痊愈也不能再做回原来的工作，不能干重体力活；他很迷茫，不知道接下来该找什么样的工作。腰伤期间尝试跟朋友跑业务，接了单，自己全款垫资拿货供给客户，零定金，客户一个月后才结款，利润 20%左右，几千几万都可以开始做（看自己资金实力）。我一开始不支持，认为风险太大，后来他说兼职做，我拗不过就答应给他半年时间。我们存款本就不多，这两天他说要借钱进货，我坚决不同意，并且说了要借钱进货就离婚的话。他说那就离婚，然后继续借钱进货，还说人家是借钱赌博，他借钱做生意我都不支持他！

我现在不知道怎么处理才是对的。

叨扰您了，谢谢！

迷

迷：

在中国这个和平上升的时期，个人及家庭的生存与发展策略其实很简单：认真工作，不上当，日子都会越来越好。

很多人的日子是毁于上当。上一当，不仅积蓄全没了，还得欠一笔债。不上当对于保障幸福生活，有极大的重要性。

上当的因素有两个。

一是技术因素。骗术层出不穷，无孔不入，在智能手机时代，借钱转钱又很快，给人清醒还魂的时间不多。我想，执法部门若能想出办法把网络诈骗打掉，让它像抢劫、盗窃这类违法行为一样大幅减少，那中国人的安全感与幸福感将会再提升一个大等级。

二是人性因素。人性是贪婪的，贪利贪名贪色，这也是写在基因里的。理性管得住贪婪，它就是动力，管不住，它就带来灾难，上当是难免的。管住贪婪，骗术再发达，陷阱再多，也是安全的。

人性因素是关键。贪婪摸不着看不见，克制它也是一辈子的修炼，但也有两点硬指标可以帮助你，一不要贪小利，二不要贪快钱。人变富，正是因为遵守了这个原则。手头越紧，日子越难，越要遵守。否则，富不了，富了也得返贫。

你丈夫这个一月包赚 20% 的投资，极可能是骗局。很简单，世上没有生意利润这么高这么快，门槛又这么低。结局可以提前告诉你，一是你丈夫也去拉人头维持这个局，二是他高息借的一大笔钱打了水漂。那时你们的处境将极为痛苦，且很难令人同情。

为了你们的孩子，你们一定要管住贪婪，好好找一份工作，量入为出，脑子里每冒出一次“暴富”的念头，就反省一次，默念两个硬指标 100 遍。

祝开心。

连岳

梦醒后的男人才是好男人

2021－09－16

连岳老师：

您好。我是您的忠实粉丝，每篇读者来信及您的回信我都必读。我有个家庭问题一直困扰着我，有时也让我有些烦躁和不安。我家是一个三口之家，儿子目前上小学五年级，成绩好，听话。在二线城市有自己无贷款的房子，手上也有一些存款。我是体制内公务员，收入尚可，老公在事业单位，虽然工资不是特别高，但工作稳定，属于铁饭碗。老公平时不擅长交际，老老实实做自己分内的工作，升职也无望，工作也不是特别忙，对自己的工作也可能是到了职业的倦怠期，业余就爱做一些投资炒股的事。

一年前，家里一切都还算顺利安稳。但老公多年以来一直有全职炒股的想法，想专职去做这个事，好多次想辞职都被劝阻，但今年谁都劝不了，甚至威胁不给辞职会被逼疯。我们因这事经常吵架，迫于无奈，我只能同意他辞职去炒股，并给了家里的部分存款去支持，想着那就赌一次，看看他到底行不行。我想成年人应该有自己的担当，是好是坏他自己应该去承担这个结果。

结果一年的试验下来，效果并不理想，亏了不少。因这事，老公变得脾气很大，有时又在不停地责怪自己，唉声叹气，觉得自己一生什么事都做不成，甚至说一些负面的话。他的负面情绪已经严重影响到我和孩子，家里经常发生争吵。我让他别再继续下去了，必须停下来去找份工作，无奈事业单位多年重复同样工作的经验，让他很难找到合适体面或收入相匹配的工作。经人介绍，找到了一份还算体面但离家稍远的工作，收入没以前高，但我想让他马上去工作，不要在乎过往的得失，一家人安稳和睦地生活最重要。我想让他赶紧重新开始，过正常的生活。毕竟孩子大了，不想因为他自己个人的原因，影响了整个家庭的氛围。但他还在犹豫要不要去上班。

连岳老师，对于这种人，我该怎么办，我真算是体谅他、照顾他情绪的了。其实真不想管他，但不管他这个家就不成样子了，也会对孩子的成长产生不良的影响。想着为了孩子，我尽量克制，劝他亏损的钱就当做生意失败了，至少现在没有影响我们生活，至少没有去贷款。对这一切，我可以自己来调解自己的情绪，也不会让自己因为这个事影响心情和生活，但对于我老公，我能怎么办？我该怎么办？

希望连岳老师能给我一些思路，不胜感激！

有些烦恼的叶子

有些烦恼的叶子：

当务之急是不能继续在股市上投入，你要看住家里的存款，更不能拿房本去抵押贷款。有房子，你有稳定的工作，一个幸福家庭的底子就没变。

其次是劝丈夫赶紧去上班，他现在之所以有情绪，是因为人生的最大梦想幻灭了，估计需要一段时间慢慢消化。消化完有个清醒的自我认知，虽然丢了事业单位的铁饭碗，但得到了踏实的人生态度，也算是塞翁失马，焉知非福。

男人这种动物，非常单纯，他们的梦想几乎不变，在体制内的，想升官，在体制外的，想发财。这梦想，不算错。到了中年，他们发现，升官发财的毕竟只是少数，这真相也不算残酷，接受了照样有好日子。而不接受的人，苦日子就开始了。发财梦碎，比较容易接受，至少你见识过竞争的惨烈，也不可能想着换个赛道去当官。升官梦碎，比较难接受，吃体制饭的人，个个觉得自己有本事，那些活儿似乎谁都能干，凭什么你升官我却没有？此时容易走上两条路：一是成为体制混子，而且恨国，认为国家没有重用他这个人才；二是他更坚定地做起了发财梦，职业炒股往往成为新赛道。

人但凡买过几次股票，有盈利经验，都会有炒股发财梦。当真一冲动辞了工作逐梦的人，都会逐成噩梦。

投资股票当然可能发财，但必须具备三个条件：

一是国家经济长期上升。中国这点是确定的。

二是资金量大，且有源源不断的后续资金。

三是几乎不犯错误，犯了错误能迅速承认并修正。

中国的绝大多数投资者，包括你丈夫，只符合条件一，二、三与他们不沾边，越努力，交易越频繁，亏得越确定。我觉得他意识到了这点，现在不过是懊悔丢了铁饭碗，又丢了面子。他这一关能过，面子看得破，幸福马上就会回来。能把日子过好的男人，不需要了不起，只需要承认自己是普通人，本分工作，温暖顾家。

祝开心。

连岳

教育之问

I Ask
Lian Yue
9

成长不只是
孩子的事，
父母更需要成长

如何和孩子谈死亡，及避免不必要的教育焦虑

2021－04－08

连叔：

你好。一直关注你的文章，现有一事比较迷茫，特向连叔请教。

由于清明假期回乡扫墓，便向9岁的儿子讲了清明的习俗、扫墓的流程，顺便提到了死亡的问题。孩子对死亡的问题比较感兴趣，于是在他的睡前时间，我们就这个问题闲聊过几次。通过几次聊天，特别是假期回来以后，明显感觉出他对死亡的害怕，总担心我们什么时候会死，会问死的时候痛不痛，死后会去哪里，会不会有下辈子等等看似幼稚、却又是我无法回答的问题。为了打消他的顾虑，我告诉他死亡是每个人的必经阶段，正因为如此我们才要珍惜现在，正常的死亡应该是到了一定年龄以后平静地离去，就跟睡着了差不多（毕竟我也才39岁，双亲健在，没有经历过大的离别，无法告诉他更多），我们要远离危险才能避免意外，意外的

死亡应该是比较痛苦的。直到昨天，孩子对我说：“爸爸，爸爸，过奈何桥的时候我不要喝孟婆的茶，我要好好记得你们，我长大了要发明长生不老药，一共要十颗，爸爸、妈妈、外公、外婆、爷爷、奶奶……一共十个人，都不能死掉，要一直一直活着。”听着孩子的这些言语，老父亲很是欣慰。

因为孩子从小感情就比较细腻，这件事情已经对他造成了不小的困扰，每每静下来他便要去思考、要发问。我跟妻子商量着必须要好好地、系统地跟孩子聊聊，避免他胡思乱想，影响他本该无忧无虑的少年时光，但苦于阅历有限不知如何才能消除他的顾虑，让他好好地面对这个不太友好但又充满希望的世界。

廷予

廷予：

你想系统地和孩子聊聊死亡的话题，以消除他的顾虑，这是不可能完成的任务。

死亡与人生所有方面相联系，是庞杂无边的、动态的、持续更新与丰富的主题，它不是百科全书里翻出来的标准答案，念一遍了事，我们得用一生去理解死亡。比如清明节，家人围着一堆土怀念亲人，还要搞不少仪式，从科学的角度，它一点也不科学。但它却是中国文化的重要组成部分，因为慎终追远，所以民德归厚。知道自己的来源，传承祖先的美德，我们可以活得更有归属感、更有责任感、更高贵，所以清明成为怀念、反思与团聚的重要节日，没有它，中国人的人生、家庭与文化就不完整了。又比如，用无穷的理念来分析，人却是永生的，存在无数多的宇宙，里面生活着无数多的我们。在有的宇宙，你现在才出生；在有的宇宙，你做着不同的事，有不同的人生选择；在有的宇宙，你已经活在未来。即使只有我们现在生活的这个单一宇宙，构成我们的原子若无穷次重新组合，迟早会重组出同样的我们，我们的人生重放一次。这概率当然极小，不过，在无穷的世界里，再小概率的事情都会发生无穷多次。你看，随着知识的增加，对死亡的理解也会不同。

不过，无穷的理念能够缓解我们对死亡的恐惧吗？可能也不行。恐惧死亡是人的正常反应，无论是孩子还是成人。孩子谈到死亡一点也不怕，那才值得害怕。我们小时候第一次知道死亡，都会怕到强撑着不睡，以为一睡就会死掉，后来太困了就睡着了，第二天早上醒来，对死亡恐惧的理解就更深了，更接受了。死亡恐惧终生存在，因为有它，我们才会珍惜时间、健康与生命，才会爱，才有了布施与宽容。不必因为孩子有正常的死亡恐惧而恐惧。

在这件事上，孩子的反应正常，他还有了研究药物的目标，倒是你过于焦虑了。教育焦虑是许多家长的通病，在任何时候都想塞给孩子一堆知识、道理与标准答案。不必如此拔苗助长，生活中很多时候更需要抱一抱、亲一亲、逗一逗、聊聊天，孩子需要欢笑远甚于知识。不是说知识不重要，而是知识的传授得见招拆招，随机应变。孩子感兴趣，问了，那把自己的知识用他听得懂的话告诉他，不懂也不必装懂，承认自己不懂，也还在学习。如此即可，不必用力过度，放轻松。否则，搞得孩子太紧张，压力太大，反而更难体验到人生之美、知识之美。

祝开心。

连岳

孩子与手机

2021－05－07

连老师：

您好！

我们山东人对自己尊敬的人习惯称老师，读您的公众号已有一年多，我心中当您是师长一样的存在。最近因为上高二的女儿用手机的事，我深感愤怒又无力，再加上和家人的意见分歧，实在很想听听您的看法。

女儿自小喜欢幻想，上课经常不听讲，在心里编故事，初中开始有空就偷偷写网文，看书多而杂，文科成绩优秀，数、理成绩不好。

我们身在山东这个高考大省，女儿上的高中在本市排名较前，属第二梯队。高中进校成绩在第 500 名左右，高一和高二上学期均有进步，从第 400 名升到第 300 名，虽然成绩不拔尖，数学因不求甚解常不及格，但因选科全文，女儿学起来还自觉有余力，我们一家人也对孩子住校的生活和学习感到比较满意。

高二下学期开学后不久，数学老师找我说孩子上课常常犯困。我问女儿怎么回事，她说数学课听不懂，听着听着就睡着了。因为数学成绩一直不好，我虽然着急，但也能接受这个说法，帮孩子想了一些提神醒脑的办法。没想到过了几天英语老师也因为女儿晨读、上课犯困找我。这时我才猜测孩子是不是瞒着我们在宿舍干什么牵扯精力的事。

清明放假，晚上我突击检查，在她枕头下摸出一部手机，是同学帮忙在淘宝上买的二手华为，279 元。教育后收缴了这部手机，得到保证，以后不再买了。回学校后几天，数学老师依然反映她上课就犯困，仰着脸都能睡着。五一节女儿回家休息，最后一天说想带个西瓜去学校，我下楼买西瓜回来，发现家里手机充电的地方有一个手机卡的托，再看家里孩子自己的手机，里面没有卡。我心里疑惑，孩子手里没有手机了，要卡做什么？可是再三问，只推说是手机磕碰了一下，弹出手机卡。孩子回校后，我和老公说起这事，正巧孩子用他的手机上过支付宝，老公自己不用淘宝和支付宝，所以账号还是挂着女儿的，记录赫然显示 4 月 7 日女儿又用 299 元买了一个二手手机。

去年孩子 16 岁生日后可以有自己的银行卡了，我为了让孩子体验成长的感觉，就立刻带她办了自己的银行卡，并把当年的压岁钱存到了她的卡上，那时起女儿就有了自己的支付宝账号，这卡我不知道密码。

对这件事的处理预案，我和老公有分歧。

我的想法是：1. 要回银行卡，取出里面所有的钱。2. 必须收回第二次买的这个手机，如果女儿不肯交，我会和班主任联手，学校不允许带手机，老师会帮忙让孩子交出来。3. 到学校附近租房子——尽管我每天上下班需要往返 46 公里——给女儿申请走读。

老公的想法是：不能惊动班主任，得给孩子留面子，最重要的是不能破坏亲子关系。反正已经打算到学校附近租房子了，每天晚上盯着、陪着，有手机也没法用。再说现在的高中生一半以上都有手机，只要能保证不影响成绩，如果要不回来，就让她自己拿着吧。

回顾自己的成长历程，我承认平凡如我，自律是成年之后慢慢培养起来的，现在却也是个认真负责的人；我认可要给孩子犯错的机会，要相信孩子总有一天自己能想明白，等她自己想学，才有内驱力；我担心，如果单纯靠外力监督，孩子从小对内心不认可的事都是表面上乖乖听话却决不照做，阳奉阴违，效果不一定会好。可是明年就是高三了，不把想到的都做到，我怕以后后悔。

想了很多，也写了很多，如果可以，还请连老师解惑。感谢！

思前想后的苦恼女人

思前想后的苦恼女人：

这事当然要告诉班主任。家长与老师是教育的合作者，这意味着必须分享最新、最重要的资讯。家长如此重大的问题不知会老师，那就像侦察兵发现敌情的大变化而不汇报，输掉战斗的可能性必然变大。

家长若隐瞒实情，老师的观察与得出的结论也会走歪，然后提供给你们错误的信息。误导带着误导，错误刺激错误，盲人骑瞎马，怎么能到达目的地？

犯错误了，老师谈话或批评，孩子可能会没面子吧。不过，这也是学习的一部分。面子是自己挣的，人生这重要的一课，迟早总得学会的，早学比迟学好。事情做错了，人不负责任，就会没面子，这才是正常的世界。这就是人皆有之的羞愧之心，它让人自律、上进，最终得到自由。

所有中国人的成年，在法律上都是同一个年纪。意味着你过了那个生日，就必须完全对自己负责。但实际上，每个人的成年都有自己的年纪，有的孩子小学就能自我管理，达到成年水准，有人30岁了未必成年。你的女儿虽然过了16岁，但显然她还不会自我管理，这是最危险的一段时间，她有了成年人的智力与行动力，但又像小孩一样不知事情的后果，此时失去有效的他律，往往伴随自毁行为。所以，应该根据她的实际心理年龄赋予相应的权利，既然她还无法行使自由，那就收回自由：代管银行卡，取消网上购物功能，禁止使用手机。即使她的同学都有手机，手机对她有害，就不能用，最多只能在父母的监督下使用，使用的时长、时间段由父母决定。一个还无法自律的人自由使用手机，只有一个结果，他不再可能有自律。

手机里的多数应用，为了占领用户，都在利用人的弱点，摧毁人的自律。放不下手机的人，只能放下人生。而孩子，哪里知道这些？只有靠父母强制她放下，等她的自律与理性长得足够，再去经受诱惑。孩子为此可能恨你，甚至长久地恨你，可是，能忍受这委屈，不就是父母之爱的深沉吗？说大一点，中华文明生生不息，如此坚韧，靠的也就是一代代称职的父母能受委屈，目光长远。

祝开心。

连岳

这就是母亲

2021－05－09

连叔：

您好！

此刻的我，正是一个产后两个月，抱着宝宝的二胎妈妈。十月怀胎不容易，前后得到一女一儿的恩赐，我很感恩，也颇感幸运，但是，我内心真的难受……

今天是我们结婚四周年的纪念日，但是柴米油盐的生活，真的磨灭了很多浪漫。两年前丈夫辞去以前较为辛苦的工作，至今没再上班，虽然他在股票上颇为得意，收益不错，但是我每天下班回来看到他手机不离手，“王者荣耀”不断，我真的很恼火。或许我应该满足，他不赌不嫖，感情专一，基本上家庭开销，包括孩子的喂养、车和人的保险都是他负担，但是我觉得他不上班，交际圈缩小，性格也改变不少。我觉得股票投资跟工作其实可以处理得不冲突，要不找一份清闲的工作都好，只是他似乎很满足于现状。为了他工作的事情，我们真的吵了无数次，这件事情，他累我累。

二胎后的我也在放产假，两个人每天 24 小时消耗，也磨灭了我们对彼此、对孩子的耐性。今天中午出去吃饭庆祝，但是那情那景不是我想要的。他不爱我吗？也不是，月子期间照顾到位，现在如果我要出去，也是他带娃。但是他很爱我吗？也不算，经常叫他做点什么，他都在看股票或者打游戏，他的原话就是说带娃带到怕。难道婚姻真的是互相折磨到天长地久吗？总之我们好的时候很好，不好的时候我恨不得插他两刀。

另外，由于我放产假，错失了比较好的上升机会，工作上的失意让我欲哭无泪。想到过几个月继续上班，顿失期待。前几年我因为家庭和孩子，放弃了薪水较高的工作，对于现在的工作，很大程度上觉得没有成就感，薪水不丰厚，认可度不高。但是我依然在努力，我不想就这样一辈子，即使之前怀孕 6 个月，我依然没有放弃别的更好的机会，虽然争取失败了，但我或许还会继续寻找更好的工作。

今天我还对我 3 岁的女儿怒吼，她实在太调皮，实在太欠揍了，但或许这才是小孩子的快乐，我为我的情绪失控而惭愧，但是我却越来越控制不住自己。我知道我是一个控制欲很强的妈妈，我不想孩子因我而害怕成长，每天的育儿矛盾，让我痛不欲生。

触动我的事越来越多，情绪也越来越多，我知道我矫情，我知道只是因为我太多期待，太多不满足，太多不愿意，我也很想改变自己，我也很想做一个理想的人妻、人母，只是，我觉得好像失去了自己一样……我很想逃脱、挣脱，但是我不知道逃去哪里。

我忍不住想我妈妈，如果她还在，或许一切都不一样，或许我可以跟她诉诉苦，或许我吃一顿妈妈做的饭菜会舒服很多……只是，天人永隔，我终将只能把爱埋藏在心里。妈妈，我不想做人家老婆、做人家妈妈，太难了，我能否好好地做你怀抱中的女儿？

最近哭得太多，想得也很多，无处释放，所以才深夜给您写信。我知道，明天还是要放下一切，好好努力生活。

谢谢！打扰了。

祝母亲节快乐！

一个妈妈

一个妈妈：

人为什么愿意当妈妈？除了 DNA 的复制命令以外，一定还有别的原因。

当妈妈意味着一连串的失去。失去身体的美，失去工作或晋升机会。当然，身体的美可以恢复，工作与晋升机会也可再得，但毕竟失去过。

而当妈妈的得到，也并不踏实，这些得到都伴随着风险。

先是得到了一个丈夫，但可能恋爱时看走了眼，他未必值得嫁，可能他会变坏，误你半生。

还得到了一个新家庭，但当上女主人也意味着更多的家务，处理更复杂的关系，承受更大的经济压力。

最后得到了一个（或两个，或多个）孩子，但他能否顺利成长，有没有光明未来，这些大恐惧也随着孩子一起到来，在他成年之前都很难消失。

你为什么哭？就是这些风险趁你产后情绪比较低落时一起用力威胁你，而你想不出什么办法化解、消除这些风险。此时控制欲就会变强，所以有些妈妈容易变得唠叨。控制欲越强，越在意生活中的可有可无可左可右的细节，就越容易失控。就像一个骑手想控制马匹身上的每一根毛，这样的骑手很辛苦、很努力，却会失去比赛。

变成强迫症、控制狂，也是当妈妈的风险之一。你对孩子发完脾气后害怕而懊悔，就是你对失控的恐惧。如果我们控制欲过强，我们自己首先是受害者，无法容忍自己的失控。其实，当妈妈偶尔发点脾气怎么是失控呢？那是正常的。人太累、太辛苦、太害怕时，应该允许发点脾气。妈妈发了脾气，孩子就不爱她了，就有心理阴影了？不会的，妈妈之后的一个亲吻、一个拥抱，甚至是一声道歉，都会让孩子更爱妈妈这个真实的人。体会这种感情的冲突、调整、平静与深化的过程，本身就是一种情感学习。相爱的人，这种模式会一再出现。

接受人生存在一些风险，让我们平静。这样，那些不安的事情，容易看到其价值。你不再逼老公非得还有一份清闲的工作，毕竟他已经能养家了。你也不怕他交际圈小，男人做好本分，对家庭负责任，就是最好的交际，人人高看一眼。很多所谓的交际，不外乎吃喝玩乐、声色犬马，学坏的可能性会变大。你产假失去了上升的机会，可已婚已育的你，再回职场，另有一重竞争优势。凡事这么想，就会少吵很多架，生活将美妙很多。

你当妈妈吃的苦，你妈妈也吃过，你女儿将来也会吃。人为什么愿意吃这些明知的苦？因为这些苦带来了无尽的爱。你怀念妈妈的话语、饭菜与怀抱，这就是爱，一个被爱的人，他死了也还活着，一个没人爱的人，活着也相当于死了。任何深沉的爱——夫妻之爱、母子之爱、父子之爱、人爱人类、人爱世界，只有经过一番苦苦挣扎与苦苦经营，才能建立，才够真诚。

祝开心。

连岳

用嘴爱孩子是不够的，要用心，要用成长

2021－06－01

亲爱的连叔：

关注您的公众号很久了，今天第一次给您写信。其实并没什么需要向您求助的，只是想把最近发生的一件小事，与您分享，像对一个认识了很久的老朋友那样。

女儿今年上一年级，六一要到了，前些天老师选了第一批入少先队的孩子，一共 17 个，没有她。实不相瞒，我有点难过，因为身边朋友和同事的小孩都入队了，有的还当了宣誓带头人。是的，我们家就是唯一的那个普娃。

回到家，孩子还是一脸无忧无虑的样子，开心地跟我分享今天老师选了哪些人入队，说自己一定能成为第二批入队的。不知为何，看着她迷迷糊糊的样子，我一下子就恼火了，我问她：“你思考过为什么老师不选你吗？30%的入队率你都够不到，说明你的表现是多么的差，你得有点上进心呀！”

孩子一下子被我说愣了，然后就哭了，她说“可是我就是不优秀啊……”看着孩子伤心的样子，我很自责，很后悔没有控制好自己的脾气。

平心而论，孩子学习、考试成绩都还可以，但不属于最好的那种（满分），所以在班上并不耀眼。她没有上过幼小衔接课，拼音写字是弱项。性格晚熟，个子小，有点懵懂，自理能力不强，当不了班干部。因为从小非常喜欢读书，知识面比较广，所以上课回答问题非常积极，话很多，老师认为她有点小得意，比较浮躁，知道得多，但学得不踏实。综合来说，她不属于乖巧懂事的那一类，也不属于勤学稳重的那一类，没有入队也在我的意料之中，只是我一时不能接受这份失落并且对她晚熟感到无奈。其实女儿有什么错呢？不优秀不是她的错，相反，她这么自信，这么乐观。当我们大人把所有不满的情绪发泄在她身上时，弱小的她，又能把情绪释放到哪里去呢？是我伤害了她。

我平静了下来，拥抱她，安抚她，然后带着她一起到楼下散步聊天，告诉她我的担忧，一起分析了她的问题，让她明白自己和别人的差距，需要把缺点再改正一下，需要再努力一点，也鼓励了她，约定陪她一起努力，帮助她。并且告诉她，我爱我的女儿，无论她优秀还是不优秀，我都会一直爱她。

晚上洗澡的时候，她说妈妈我给你讲个故事吧，春秋战国的时候楚庄王原本贪图享乐无心治理国家，有一天他的一个谋臣问他：“山上有一只鸟，一停三年，不飞也不叫，是怎么回事呢？”楚庄王恍然明白说的是自己，于是他回答说：“这不是普通的鸟，它是一只凤凰，不飞则已，一飞冲天，不鸣则已，一鸣惊人。”从此以后楚庄王开始专心朝政，把国家治理得很好，成为春秋五霸之一。她说：“我就是那只凤凰。”

实不相瞒，我被她说哭了。是的，她是在安慰我，她其实是那么爱我。不管她会不会一鸣惊人，但在我心里她就是那只凤凰，她是最好的。

这几天一直被她说的这些话所温暖和安慰，所有的不安和焦虑都被治愈了。分享这个故事，只是希望那些和我一样受当下教育氛围影响而焦虑的妈妈们，能再多一点耐心，孩子们比我们想象的更柔软、更纯粹、更爱我们。陪伴并不漫长，爱是最重要的力量，成长的路，我们要一起走，可以慢一点，可以更快乐一点。

贝贝的妈妈

贝贝的妈妈：

你的结论很对，爱是最重要的力量。我想，所有的妈妈都会接受这个观点。

但是，爱要落到实处，却不容易。不问青红皂白，什么都爱，那是溺爱。他身上的不优秀，肯定要去掉，你不能爱，他自己更不能爱，否则，孩子就会被耽误。所以，爱的本事是，你得分得清什么是优秀，什么是不优秀。把优秀当不优秀，把不优秀误认为优秀，那么爱又会错乱，会把孩子引入歧途。

有些优秀很容易发现，成绩好，当班干部，第一批入队，都是显而易见的优秀。人的思维惯性是，认为优秀的对立面就是不优秀，就得批评。有时这么想是对的，有时这么想却是错的，因为优秀的对立面可能是更优秀。教育是个复杂微妙的精细活，差之毫厘，谬以千里。教育切忌喊口号，也不能生搬硬套，这就是庄子所说的：凫胫虽短，续之则忧；鹤胫虽长，断之则悲。野鸭的小短腿不会太短，仙鹤的大长腿也不会太长，对它们来说，都刚刚好。

你的贝贝没有第一批入队，“回到家，孩子还是一脸无忧无虑的样子，开心地跟我分享今天老师选了哪些人入队，说自己一定能成为第二批入队的”。这让你恼火，因为你看到没有第一批入队的不优秀。其实用心一点，就会发现，她在此刻展示了更优秀的一面：她不嫉妒，欣赏赞叹更优秀者的成就；她也不躺平，坚信自己能追上优秀者。天生拥有这种品质的孩子，是得到厚爱的孩子。大多数人的一生，是要和嫉妒心作斗争的，种种毁灭性的坏情绪，也和嫉妒关联。嫉妒只看得到别人的有，不珍惜自己的有，这就是贪；嫉妒憎恨别人的成就，这就是嗔；嫉妒有个填不满的无底洞，这就是痴。其实，无穷尽地拿自己的孩子去和别人的孩子比，也与嫉妒有关，永无宁日。他是小鸭子，你嫌他腿比别人短，他是小仙鹤，你嫌他腿比别人长。孩子本来是个好坯子，却被这日日对比的无明火，烤得变了形。

孩子更纯粹，更柔软。这句话也是对的，孩子本性的善良，还未被涂抹、遮蔽、损害，一派天真。父母要能够识别这善良，珍惜它，保护它，让它生长，使其强壮。孩子是父母的老师，孩子往往能够提醒父母遗忘了什么珍贵的品质。成长不只是孩子的事，父母更需要成长，这样才能引领自己的孩子，这样也才配得上自己的好孩子。

珍惜自己的孩子。

祝开心。

连岳

我为何这么爱打孩子？

2021－07－01

连老师：

您好！我认识您有三年的时间了，从我姐姐在朋友圈分享您的一篇关于孩子成长的文章开始。买了您的《少年问答》，目前还没有正式开始阅读，我是一个对自己没有高标准却对孩子格外严厉的妈妈……

我家姑娘即将步入小学二年级，她的爸爸因为工作长期在外，要保证每周回来一天都非常不容易，爸爸回来的这一天基本对孩子的学习也不会有大的帮助，能陪着孩子待一会儿都显得很珍贵。督促孩子学习完全是我一个人的事情，最近孩子马上要期末考试了，学校加紧复习的过程中，小测试不断，孩子语文成绩基本在94—98.5分之间，数学成绩基本稳定在96—99分之间。

复习期间，针对卷子错误的部分，我和她进行了卷面分析，但是她最大的毛病就是一个错误点会反复出现，我知道是知识点掌握不熟练才导致这样的错误。而且她不长记性，我对她提出了严肃的批评，告诉她粗心马虎、不长记性是人生最糟糕的坏习惯，也因此动手打过她，但是仍然效果不佳。

孩子一年级时，因为她爸爸工作的原因，我尽管在自己的职业上升期，也毅然决然地辞去了市场总监的职务，离开了工作十年的单位，想全身心投入到陪伴、督促孩子学习这项事业当中。目前我换了新工作，要比以前单位的时间充裕些，但是我长期焦虑，现在在孩子有错不改的情况下，几乎每天都在打骂孩子，事后又极度后悔。我在不断地反思自己，但是孩子错误重现时，又克制不住自己要发火。

我看到她小小的身体要接受我暴跳如雷的样子，她看到我发火，连声说“妈妈我错了，我再也不这样了”，或者说“妈妈求求你原谅我”的时候，我是非常心疼她的，但又担心她这种长期的粗心、马虎、不长记性会对她的升学造成不可逆的后果。她的不长记性还体现在，我告诉她不能随便拿别人的东西，即便是送给她的，也不能轻易拿。但她就是记不住，因为这个问题我也收拾过她好多次。

连老师，现在升学压力多大啊，每个家长和孩子都在努力地、使劲地向前走，一分之差就会走向不一样的人生道路，一个坏毛病就会影响整个人生。连老师，我不是一个以身作则的妈妈，也不是一个榜样妈妈……自己做得不够好，还要去要求孩子……这种病态的教育方式，我该怎么办……

盼复！

焦虑的大向日葵

焦虑的大向日葵：

在教育孩子的过程中，偶尔的骂，甚至体罚，都难免。人非圣贤，孰能无过。其实圣贤也会过，只是圣贤不二过，犯一次错马上能够改正。不过，你天天打骂孩子，肯定是错的。这一定要改。

人的学习是非线性的，尤其是孩子，要在一个平台上徘徊一段时间，体现为老是想不通某个问题，总在一个知识点上犯错，要不停地重复，从量变到质变，突然某一刻，想通了，她就跃上一个高度，再也不犯这个错误了。所以，学习、教育与成长比拼的往往是耐心。你能发现孩子学习中常见的错误点，这在辅导中已经领先了一步，接下来还有一个重要的工作你不做，那就浪费了这个领先。你得协助孩子重复训练 40 次，每天一两次，有意无意，正规非正规地讲解这个困扰她的知识点。这种方法对成人也有用，你从今天开始，能够 40 天忍住不打骂孩子，你天天打骂孩子的错误也能改正。

为了孩子有更好的未来，所以我现在天天打骂她，这不合情理。她现在都生不如死，你跟她谈未来，她是无法理解的。天天被打骂的孩子，也很难拒绝别人的礼物，甚至可能去偷拿别人的东西，因为她的匮乏感太强了。

爱孩子的父母，即使孩子成绩不好，他们也赢了。这是一个简单的算术问题。现在人均寿命 80 岁左右，孩子在父母身边生活 20 年，甚至更长一些，这段时间是有爱的、温柔的，人生至少四分之一已经很幸福。而有 20 年幸福时光的人，可能并不会很多。你的孩子在成年时就有了这个幸福量，她的一生，幸福总量显然更容易胜出。

孩子成绩好，上个好大学，有更好的未来。这条路当然没错。但好大学就那么几所，多数孩子的禀赋就是普通的，竭尽全力也可能读不了好大学，甚至读不了大学。父母了不起的地方在于，当他们终于发现自己的孩子再普通不过时，他们还是会爱他，会一再教授孩子为人处世的基本道理。对于普通孩子来说，这才是他们永远的幸福之源：自己在人海中，普通得像草原上的一棵草，可我知道，有人一直那么爱我，他们一眼就能看出我和别的草不同。

好成绩并非人人可以做到，而爱可以。爱对人生影响更大。如果为了成绩毁掉爱，那是舍本逐末，最后大概率是又没有成绩又没有爱，让孩子彻底没了未来。你要改啊。

祝开心。

连岳

有个福星妈妈，我却看不见

2021－07－06

亲爱的连叔：

我是一个27岁的小美女，211大学本科毕业，工作稳定但收入一般，家在四线城市，且家庭条件不太好。父亲早年车祸残疾，小妹重病多年，家里全靠母亲一人做家政维系。非常感谢父母在这么艰难的条件下，依旧把我培养得亭亭玉立，气质尚佳。

几个月前，我通过相亲平台和一个男孩成为情侣了，当时在一众不了解我家庭背景的追求者中，小我两岁的男孩用专注和行动力打动了我。他家在一线城市，但一直比较节俭，吃穿用度都很随意。在一起之后，我才知道男孩是家里的独子，且家里有几栋房子正在收租，并待拆迁。

我的问题是，在第一次见家长的时候，由于感觉对方父亲一直在旁敲侧击我的家庭背景，出于自卑心理，便借用了亲戚的职业——张口编造了母亲是小学老师的谎言。因为个人也算是温柔懂事，比较体贴长辈，现在男友一家人对我十分满意，甚至开始催婚。对于见我爸妈这件事情，也一直希望尽快安排上，但我觉得内心很不安，一直在拖延。

男友虽然年纪小，但是双商在线，且有担当，大学时候就没有向家里要过生活费了，自己在校外搞培训自给自足。男友妈妈对我也很好，经期还会照顾我，给我煮姜茶之类的。我在压抑的家庭氛围中长大，父母因为柴米油盐经常担忧吵架，男友家有说有笑的富足轻松的生活氛围，让我非常羡慕。

但我很害怕，害怕大家只是喜欢一个在小康家庭成长起来的大家闺秀，害怕大家知道真相后，会觉得我隐瞒了很多事实，不愿接纳我。虽然我经常会幻想，出现一个高富帅，拯救灰姑娘一样的我，但面对这样的爱情，却是迟疑和害怕了。由于之前一个谈了很久的男友，最后因为我的家庭条件而不断对我使用冷暴力，我现在有点后遗症，很害怕这样的事情会重现。

且之前在男友的手机聊天记录里看到，他希望找到一个肤白貌美、家庭条件良好的女孩子，现在这种担忧，只增不减。貌美我占了，但是家庭条件这方面，虽然感激父母养育，但我确实有点自卑，也因此不敢面对现实。现在我在想，要不要趁着感情还没有很深厚，找一个理由，和男友合理地分手。

好的感情应该非常坦诚，应该展示真实的自我，但由于我开了个很不好的头，也很怕再被嫌弃，所以这段感情是不是应该主动结束，烂在回忆里？麻烦连叔指教！

自卑的灰姑娘

自卑的灰姑娘：

这事已经没有选择，只有分手。因为你撒的谎不可能不被揭穿。

你的妈妈是个了不起的人，当家政照顾一家人，还把你养得有学历，有相貌，有气质。简直是一个励志人物。这样的妈妈，是为你加分的。人们会想，这种妈妈的孩子，一定有其优良品质，将来也是个了不起的妈妈。为什么要隐瞒她，炫耀都来不及。

有没有人瞧不起家政，瞧不起贫苦家庭？有，有不少这种浅薄冷酷之人。可为什么要在乎这种人呢？一个稍有良知的人，都不会愿意他们当朋友，连说句话都觉得恶心，你还会想嫁给他们？这刚好是筛选的标准，瞧不起你妈妈的人，恰恰是不值得嫁的人。

你想嫁给富人，不可耻。我想，无论贫富，大家都想嫁给富人，这是人性。但很多人最终选择的配偶却是不富的、贫穷的。为什么呢？因为人最终更看重的品格是真诚、善良、负责、勤奋。有了这些品质，穷是暂时的，幸福是必然的；没这些品质，富是暂时的，不幸是必然的。

你总结得很对，好的感情必须真诚。岂止是感情，好的人生，基础就是真诚。越是起点低，越是穷困，越要坚守这个安身立命的本钱。富人不真诚，有祖产可败，还能混些时日。穷人不真诚，那真是雪上加霜，没有生路。

你的未来，你的方法，其实在你妈妈身上，像她一样变得务实、坚韧，人们会敬佩你们的传承与家风，高看你一眼。你妈妈是你的福星，让别人看到她，你才有幸福。

祝开心。

连岳

只会牺牲的父母不是好父母

2021－07－14

连老师：

您好！

一直认为您是非常智慧、有全面和长远眼光的人，所以现在面临重要选择困难时想请教您。我家大女儿今年中考，成绩可以上北京某教育强区排名第七八的高中。但她觉得在某些高中的国际部可以接受更好的素质教育，可以发现自己的兴趣和专长，三年后有助于选择适合自己的专业。她认为国际部有很好的英语环境和师资，上国际部课程容易申请到全球排名靠前的大学（比如排名三十左右的），教育资源好，易于培养国际化视野，更有助于申请国外的硕士和博士课程，将来好找优质工作等。但是我不太支持，一方面是高中三年（学费大概一年20万元）和大学四年（学费一年50万—70万元）的总费用要300万—400万元，我和她爸是工薪阶层，虽然可以支持（卖半套房或者她大学时把大部分日常收入都给她），压力也比较大。

另外从将来就业来讲，在国外读完大学或硕博，目前回国后不是很受欢迎（觉得不接地气，尤其在央企国企），在国外（尤其是欧美）也不是很好找工作，但是我女儿觉得去美国读大学，可以三年就修完学分，早毕业，而且毕业后挣钱比国内多（比如计算机专业等）。还有一个顾虑，我觉得上大学时就出去，孩子思想不成熟，容易西化，回国后也不容易适应。不回国的话感觉一家人长期分离也不好。现在中国经济发展很好，机会更多。现在孩子坚持要去，而且她说只想去美国，别的国家都不考虑，并且以后在国外工作生活，这更让我担忧她的安全等问题。已经斗争很长时间了，很多有相关经历的朋友也都不支持她读本科时出去，给她分析了，但孩子听不进去。我说同意她在国内读完本科后出国读硕博，也不行。因此向您求助，望指点和给出宝贵建议。

这两天就要决定怎么报志愿了，还希望能尽快得到您的帮助。

谢谢，祝好！

与闺女作斗争的妈

与闺女作斗争的妈：

你很聪明，你是知道我站在你这边的，理性人都会站在你这边，你说的理由成立。经济账也好算，她大学毕业要赚回北京的半套房子，估计很难。

如果你闺女愿意听我的，那当然好，我愿意为你背书。你要考虑的是，孩子不听我的，你怎么办？按你的意思是，那就听她的，豁出去了。那你们一家以后的日子都不好过。你们夫妻是人财两空，女儿出去，不再回来，资产耗尽，再难回补，而且至少还有另一个孩子要抚养，下半辈子，你们真要越过越困窘，老与病怎么办？

有人会说，至少孩子的日子是好过的，她实现了自己的“美国梦”，这样父母的牺牲也有价值。大错特错。父母要为孩子牺牲一切，而不能对孩子提任何要求，这被不少人当成高级的育儿观。这其实等于告诉孩子尽可享受权利，而不必履行义务，再好的孩子都会教坏。受了陌生人的恩惠，我们都要感恩。我们对一个人微笑，自然期待他回报以微笑。谁怀疑这点谁都不正常。可到了家庭里，父母抚育了孩子，父母却不能对孩子有任何期望，家要变成最冷酷的地方，太荒唐了吧？正常的家庭，权利与义务是对等的：孩子对父母有期待，父母也可以对孩子有期待；父母要为孩子好，孩子也要为父母好；父母抚育了孩子，孩子也要赡养父母，穷的父母，期待晚年得到孩子的经济资助，富的父母，期待晚年能有孩子的温暖陪伴。这是天理，这是恻隐之心人皆有之，这是人不同于禽兽的地方。

教育孩子，最重要的不是她读了多好的大学，有多厉害的技能，而是她必须是一个善良的人，不能丢掉恻隐之心，否则，就是把人教成兽。所以，在教育中，不敢拒绝孩子的不当要求，超出自己的经济实力无穷地满足孩子，这不是牺牲，也不是爱，这是反教育，这是在毒化孩子的心灵，杀掉她的恻隐之心，因为她闹得越凶、越冷酷，你就越是满足她。

对一个心智还不成熟的中学生，父母该拒绝就拒绝，买不起就说买不起，这就是父母应做的，她可能会哭泣、会生气，但这有助于她的成长，让她知道自己的任何选择都不能脱离现实，必须考虑父母及家人的感受和能力，这样才能保住善良。

祝开心。

连岳

教育去焦虑，从家长做起

2021－07－25

尊敬的连叔：

您好！关注您公众号有几年了，几乎每篇文章都看，感觉您就像一位智者，在给迷惘的人指明方向。

我最近也有一件很难抉择的事想请教您，希望能得到您的指点。

我的闺女今年9岁，开学就四年级了，在厦门一所私立学校读书，成绩中上，现在我困惑的是她初中要去哪里读书，厦门还是北京？

我和孩子的户口在北京，在北京也有一套小房子，对口的公立学校中等，没什么名气。我硕士毕业在北京工作了七年多，本身是闽南人，2011年回到厦门工作。在厦门有父母帮忙带孩子，弟弟们也都在厦门，我们住在同一个小区，有事可以互相照应。我在医院上班，工作虽然比较累，但还可以接受，也有点成就感。厦门这个城市我比较喜欢，民风淳朴，生活节奏没那么快，饮食气候都比较习惯。

我和先生长期异地，他之前在北京，后来又去深圳，可能还会去北京。感情不好不坏，反正生活上指望不上他，我也习惯了。如果不去北京，孩子在厦门可能还是只能读私立学校。别人都说北京的教育比厦门好。孩子爸爸没有特别的要求，看我的决定，想去哪里就去哪里。

我今年40多岁了，副主任医师，算是比较有经验的医师了，去北京找工作（私立医院），应该是能找得到，就是觉得北京的生活质量不如厦门。那边的房子很小又破，可以换，但换不了多大的。饮食气候都不如厦门。去北京我妈妈也许会跟着去，我爸爸就可能不去。我弟弟说我都人到中年了，应该享受一下生活，不要再去漂泊了。假如去北京，等孩子上大学了，我还是想回厦门，也许到时都到退休年龄了，回来可能找不到工作了。作为医生，在家乡工作亲朋好友有时候需要，我还可以帮得上忙。

现在就是很矛盾，到底应该选择去哪里好？要是铁定了心留在厦门，也可以把户口都迁到厦门。以后就迁不回去了，孩子爸爸的户口在大连，说是要等他45周岁（过两年）了才可能随迁到北京。但我觉得等两年再决定去哪里读书有点晚了，不管去哪里都要早点做准备。我希望尽可能给孩子创造好的条件。

情况就是这样，您见多识广，希望您帮我分析分析两边的利弊，给我一些建议，非常感谢！

Doctor

Doctor：

在过去十年里，厦门的人口增长率及小学生增长率，都排在全国前列，很多人用脚投票，认可厦门的未来及教育。这说明父母能让孩子在厦门生活和受教育，绝对问心无愧。你如果没有一个北京选项的话，你现在应该内心安宁。

很多焦虑的产生，不是因为匮乏，而是因为选择太多。这就是布利丹选择难题：有一只驴，给它一捆草，它能饱餐一顿；左右两边各放一捆草，它就会陷入“我是吃左边这捆，还是吃右边这捆”的比较，在无法选择中饿死。

教育是中国人最焦虑的领域，有多个原因：一是中国人历来重视教育；二是几十年的独生子女政策，让孩子显得更加珍贵，家长对孩子的期待畸形高涨，教育投入毫无节制；三是前两个因素被焦虑营销利用，让焦虑产生更大更多的焦虑，家长眼前永远有一个“可能更好”的诱饵，直到被榨干最后一滴血。

中国人重视教育没错，现在也施行了三孩政策，校外培训也无法再作为。教育焦虑消解的环境开始出现，但家长自己的内心没有定力，焦虑还是会吞噬你的内心，因为无论如何也无法消除比较与选择。

教育的定力是什么？是有个度。对孩子的要求有度，教育投入有度，父母的上心有度，爷爷奶奶的帮助有度。度没达到，不负责任；过了度，过犹不及，也是不负责任。教育是家庭的重要任务，但不是家庭的全部任务，家庭其他成员也要有自己的生活与工作。如果你拆散爸爸妈妈的晚年生活，让妈妈去北京帮你带孩子，这么大的牺牲仅仅只是为了“可能的更好”，这就过了度。只有一种情况牺牲才算适度，即孩子在厦门没书读，只在北京有上学的机会（也得在你爸妈同意的情况下）。孩子从小习惯享受家长无度的牺牲，也不是好事，在这种环境里长大的孩子，反而更不容易体谅他人，极度自我中心，毫无合作精神，甚至会养成致命的吝啬习气。越用力越养废物。

安心让孩子在厦门读书。教育最重要的因素是家庭的耳濡目染，你们的大家庭温暖互助，兄弟姐妹的孩子也可一起成长（爷爷奶奶也可公平关爱每个孙辈），这本身也是珍贵的教育资源。

祝开心。

连岳

教育容易犯的“高级”错误

2021－08－08

连叔：

见信好！

想向您请教的问题是如何陪伴青春期的孩子。我不知道青春期是孩子成长过程中的一个特有阶段，还是青春期其实也是塑造孩子的一个重要阶段。如果是一个特有阶段，那么孩子在这期间的各种问题，家长虽然不能接受，但忍忍是不是就能过去？但如果青春期是孩子成长的一个重要阶段，那就意味着孩子在青春期中表现出的各种问题，家长就不能只是忍，还应该表达不悦和进行教育。如果是教育，那么就肯定不会是和风细雨的，掌控态度和表达不悦的度会变得非常难。

我和先生都是985大学毕业的博士，高校教授。有两个男孩，一个16岁，一个快2岁。目前的问题是这个16岁的孩子。首先，我和先生尽管工作忙，但尽可能陪伴孩子，孩子去过很多地方，也读过一些书，我们仨也经常在一起谈论各种时事，他是一个有见识的孩子，非常理性。一直以来，他的学习我们都不用花很多时间，不需要喊起床，不需要陪同作业，他非常自律。但他对自己的要求也仅仅是完成规定动作，成绩一般，和班上同学攀比成绩，目的更多的是肯定自己，并不是激励自己。大部分时候是一种想去做但更想偷懒，通过精神胜利让自己心安理得的模式。这方面我们也不强求，并没有因此对他进行各种培训。有学习动力的孩子只需要靠自己便能搞好学习，这个动力没有，请再多的老师都是枉然。我隐隐觉得，良好的家庭条件让这个孩子失去了奋斗的动力。他经常觉得无论怎样努力，都很难超过他爸爸。第二，孩子的社会交往能力比较弱，所有的社会活动都往后退，对社会充满批判，不喜交往，最爱宅在家。如果学校组织军训、农学的活动，那他要在家里骂上几天，应该是不愿意吃苦受累。这是他的一大特点，精神力量很强大，眼高手低。通过批判别人，满足了自己高人一等的假想人设。第三，孩子比较自私冷漠。老二出生后，他非常厌恶他，从来不碰他，我们表示理解。他看到我各种辛苦，说："没办法，你自己选的，你自己负责。"昨晚，我洗完澡坐在他床上跟他聊学习，他让我下来，我说我洗了澡，他说，知道，但是也要下来，不准坐在他的床上。这种态度非常伤人，我从昨天开始便不再理他。他极其在乎个人物品、个人空间、个人权益、个人自由。稍有侵犯，便有一种以命相搏的气概。

我们在对待他的教育上，一直是克制的，总觉得孩子的问题是父母的问题。每次冲突后都会反思，对他更加温暖有爱，更有耐心。但是很奇怪，我们越是往后退，他就越是不在乎我们，说话越来越直接，越来越不注重我们的感受。我有一个亲戚的孩子，父母脾气比较暴躁，孩子小时候也很倔强，经常有冲突，但是今年看到，这个孩子变得非常宽容有爱。跟我说一些往事，我觉得是父母的问题，但孩子更倾向于宽容和理解他们。没有对比就没有伤害，我开始陷入一种很迷茫的状态。从我们受到的教育来说，教育的王道是爱和耐心，可是我又发现，你越是爱，你越是弱，你的孩子就越是不在乎你。我有时候甚至会想，也许正是我们的这种耐心教育让他越来越愿意彻底暴露自己，让我们看到一个真实的儿子。可问题是，我如何反馈这种不正确的真实？青春期，是孩子叛逆的代名词，本质是孩子自我意识觉醒和塑造的时期，这个时期其实只有开始，而没有结束。我心里逐渐觉得我可以理解，但是并不需要退让。所以，又回到我最初向您提出的问题：我应该如何陪伴青春期的孩子？他在从家庭走向社会的过程中，家长应当给予的反应到底是家人标准还是社会标准？我担心的是一旦家长的教育失败，孩子才是承受最大苦果的人，这是所有家长难以承受的重。

祝好！

一个困在青春期中的母亲

一个困在青春期中的母亲：

没有完美的孩子，正如没有完美的父母。一切都是不完美的，知道这前提，这样那样的不如意发生时，就不会太着急、太较劲。

在教育中，容易犯的一种“高级”错误就是理性偏执，更容易发生在文化程度高的父母当中，他们能够一眼看出孩子身上的种种毛病，其中任何一种毛病，放大一百倍，孩子的人生都毁了。这让他们恐惧，也让他们急躁，不马上改掉孩子的这些毛病，他们就会绝望。这是穿着理性外衣的非理性，更难觉察，危害更大。

孩子身上的毛病要不要改？当然要改，要讲道理，还要努力讲得和风细雨、循循善诱。但这些道理在很长时间里，甚至在人的一生中，都只是对毛病起到抑制作用，而不是删除作用。想想我们自己，比孩子大几十岁，身上也还是有不少毛病，我们会害怕自己失控完蛋吗？不会。所以，我们对孩子也要公平一点，允许他存在一些很难彻底改正的毛病，也要相信自己传授给他的道理，始终能起到抑制毛病的作用，毛病不会无限放大的。孔夫子活了 73 年，他到 70 岁才从心所欲不逾矩，这说明，他的一生还是难免逾矩，会犯一点错误的，我们不能要求青春期的孩子比晚年的孔夫子还厉害。要给孩子时间。没错，教育就是等候的学问，十五而有志于学，三十而立，你至少等 15 年吧。

青春期的孩子难免残忍，往往说些伤害父母的话，由于无法掌握情感与语言的力量，怎么狠怎么来，当成个性与独立的宣言，就像你的大儿子对你的言行。教育必让父母付出心理受伤的成本，越负责任的父母越是如此。你的大儿子可能要到中年——由于他有自律与理性的优点，也可能会早一点，想起青春期的这些言行，羞愧难当。你现在只有保持定力，该讲的道理要讲，该给的空间要给，不要焦虑，不要伤心，时间会还你公平的。

祝开心。

连岳

只要妈妈一直在，希望就一直在

2021－08－22

连叔：

您好！

我是一个1990年出生的离异单亲妈妈，独自带着两个儿子（一个8岁，一个4岁）生活。在朋友的推荐下认识了您，很喜欢看您的文字，习惯了每天看看您对其他读者问题的见解和建议，确实受益良多，所以也想试着写信给您，不知道您会不会看到。

离婚已一年了，一个人带着两个孩子在三四线城市生活，离婚后没车没房没存款，面对生活和养育两个孩子的双重压力。当了十年的全职妈妈，就这样开始了做两份工作加照顾孩子的日子，即使这一年来每天睡三四个小时，拼命工作，我的收入也只能维持我们的基本生活，孩子们的教育、吃穿住行哪一样都需要钱。刚开始以为凭着自己的努力，这样撑着，会慢慢好起来（抚养费慢慢也要不到了，或是前夫直接不给了），一晃一年过去了，面对这样的生活，有点被压得喘不过气来，累的时候，就会控制不住自己的情绪，对孩子们发脾气。要照顾孩子们，我的工作时间就比较短，自然工资也比较低，即使干着两份工作，收入也比较少，到现在真的有些怀疑这样的生活，怀疑自己的能力，怀疑这样的选择。

面对这些问题，我开始考虑老家父母的建议，带着孩子回乡下一起生活，或是把孩子留给老人照顾。

这是我一直犹豫不决的问题，之前宁愿死撑着也不回去，我知道我不够成熟。在这一年里，被现实无情打败。之前考虑回乡下的话，怕孩子没有好的学习环境，怕自己找不到收入不错的工作，在广东待了十几年，回去自己也会不习惯，现在回想扛的这一年，身体的累，心里的苦，身上的责任与无助，觉得原先考虑的种种，在现实面前，啥也不是。

老家父母也上了年纪，加上他们已经带着三个孩子了，如果孩子再交给老人照顾，加起来就五个孩子，我又拖累了我的父母。现在不知道该怎么选择才是好的，是回老家陪着孩子一起成长，在县城找份工作维持生活，还是把孩子留给老人，自己外出打工。孩子是自己一手拉扯大的，很不忍心，因为我自己小时候也是留守儿童，吃过很多苦，不想让孩子也受自己受过的苦，不忍让孩子留守，更怕拖累父母，却又想给孩子更好一点的环境。这个问题对我来说好难。

连叔您能给我一点建议吗？麻烦连叔指点，谢谢连叔。

一个不太成熟的老母亲

一个不太成熟的老母亲：

你最合理的选择是带孩子回乡下，养大两个孩子需要集合所有力量：你，你父母，还有乡村。是的，乡村是有力量的。

在城市化进程中，有个错误的认识是把城市与乡村对立起来。城市有更多的工作机会、教育与医疗资源，但它并非是对乡村的否定，城乡是互相补充的关系，到了城市化彻底完成，达到顶点，也必然存在大量的乡村，其中生活着幸福的人。只要城市与乡村不隔绝，是流动通畅的，那么，根据个人喜好和具体情况，暂时或长久地住在乡村，并非坏事，往往还是好事。对于你们母子三个人，乡村就是拯救力量，是好事。

你在城市里，每天只睡三四个小时才能勉强支撑母子三人的生活，很顽强，但是不可持续，很快你的身体和精神就会撑不住。你垮了，两个孩子的生存就会陷入绝境，或者会给你父母带去更大的负担。你想让孩子生活得更好，不想麻烦父母，但过度消耗自己带来的结果却是让孩子生活得更不好，更加麻烦父母。当下的主要任务是你这个妈妈要保持健康，要有充足的睡眠，要有人帮助，只要你这个妈妈一直在，两个孩子的未来就更好。回到乡村，孩子有你父母帮着照看，你在县城找个工作，孩子能得到妈妈的陪伴，你有时间休整、思考、长进。你此时有个乡村可退，是值得庆幸的事。努力过，暂时的撤退并不可怕，十多年后，孩子成年了，你也才 40 多岁，母子三人再出发，那时你们的力量就很大了，什么困难都不怕。

坚持、进取，是勇气，但明智的撤退，更是勇气。该退时就退，谢谢父母替你照顾孩子，谢谢乡村更自然的生活方式与更低的生活成本，谢谢自己能够随机应变。没人会责怪你的，也没人会觉得你失败，一个拼尽全力的母亲，谁都得敬你三分，孩子在你的精神力量浸润之下，必不是弱者。

祝开心。

连岳

那个小女孩哭了五十分钟

2021－08－30

连叔：

见信开心。我是前两天给您写信的爱哭的小女孩的妈妈，非常感谢您给孩子温柔细致又通俗易懂的回信。收到回信的那天，孩子晚上回家，就认真拜读了连叔给的回复。

连叔的话给了孩子可以肆无忌惮哭出声的底气，那天读完信孩子足足哭了有五十分钟，哭得上气不接下气，最后没眼泪了还哭嗝不断，停不下来。我这个老母亲在一旁看着孩子，真是又心疼又自责。

这孩子属于亲子分离焦虑型的，离开妈妈睡眠会有障碍，所以虽然她就读的是私立可寄宿学校，宝爸还是坚持每天早出晚归接送她去十几公里以外的学校读书。宝爸平常工作很忙，带娃的琐碎事务大多是我一个人在忙，妹妹才刚满1岁，姐姐一哭没三五分钟我就不耐烦了，安慰两三句没啥效果就会甩几句狠话吓唬她，比如：再哭就送她去寄宿，既免了宝爸每日抽时间接送她的辛劳，又省了我每日安抚她心情糟糕的麻烦……

可是在孩子看完连叔的回信，大声哭出来的那五十分钟里，我第一次真正地站在孩子的角度去思考，一直以来我都没能正视孩子哭这件事，反而压抑着她，让她克制，还吓唬她，真是羞愧难当。她还只是个8岁的小姑娘，她觉得训练辛苦，离开妈妈她会想念，哭一下又有何不可呢？！

从那天孩子发泄式地哭过之后，接下来的这几天里，我再没说让她别哭了这类的话，反而她自己哭一下就好了，还会自己跟集训队的生活老师说，别嫌她哭得烦，她只哭三分钟就好了。

总之，非常感谢连叔，既解开了孩子哭的心理负担，也让我学会了如何正确妥善地面对爱哭的女儿。

祝连叔连太安康喜乐！

爱哭的小女孩的妈妈

爱哭的小女孩的妈妈：

很开心替你们解决了一个小问题。

但这个问题还是我们合力解决的。没有之前你要求她克制，她也尝不到这五十分钟情绪释放的痛快。从你那儿知道了要克制，从我这儿知道了可释放，她最后就很容易接受只哭三分钟的解决方案，既尊重自己的情绪，也尊重他人的情绪。

自己的情绪可以释放，这句话送给孩子，也送给父母。人在不如意时，都有情绪的，而世事的最大特征就是不如意，每天总有几件事是失控的。当父母的有点情绪，再正常不过了，压力之下，情急之中，骂几句，甚至打几下，也并非罪过。不允许父母有情绪、有疏忽、有过失，看起来很美好，其实是脱离现实与人性的空中楼阁。真如此操作，只能把父母逼疯逼死，没疯没死的，就陷入无尽的、过度的自责，心理出大问题，这样的父母对孩子有什么好处？

父母要善于体察孩子的情绪，体谅他，引导他，这样孩子健康而不压抑。但只单方面做到这点还不够，孩子永远在接受，在得到，毫无成本，理所当然，反而可能将他养成极度自私的人，将父母视为天然的奴仆，无法与他人展开平等的交往。别人只能服从他，给予他，他是一个黑洞，只有吸入，没有付出。给了爱，就需要得到爱的回报，这不是什么教育的功利，这是教育的重要内容。养出一个不回报的，甚至以不回报为荣的人，那是教育的失败。

孩子在成长的过程中，必须学会爱的双向流动，体谅父母就是重要的一课。体谅就是孔夫子说的“恕”，是一个终身必须执行的字。“恕”字掌握了，实践了，人生必然幸福，成绩好坏，技能高低，都是次要的，不是决定因素。爱孩子的父母，也是人，像孩子一样，有压力，有情绪，有失误，当孩子的，慢慢学会能体察，会体谅，还能引导，这才是教育的完成。所以，在履行自己养育职责的父母，可以总结经验教训，但完全没必要自责与恐慌。真实的、会犯错误的你，需要孩子的爱与体谅的你，是一个正常的你。你如何控制，都有失控；你再有能力，都有错误。可是，正因为有这

"失控"与"错误"，孩子才能学会体谅，全知全能的完人，是不需要体谅的。现实中发生的一切，人的全部，都可以是教育的内容，放轻松，用好它们，即使是看起来的"坏事"。

祝开心。

连岳

为孩子每年好好吵两架

2021-09-05

尊敬的连岳老师：

您好！

阅读您的文章已经成了我每天的习惯，您的睿智温柔和耐心深深地打动了我，最近困扰我的一个问题想向您请教。

先说一下我的情况：我和老公都是二婚，婚前各自有一个男孩，两个孩子年龄相差一岁，我的孩子跟前夫，他的孩子跟了他。婚后我们生了一个女孩，现在4岁多了。现在我们一家四口一起生活，基本上没有父母帮忙，都是自己上班和带孩子。早上7点左右送了孩子去上班，下午下了班接孩子回家，谁有空谁接送，这些都还好。我在家一般我做饭，我上班（工作性质要上晚班）时老公一个人带两个孩子，也会在家做饭，照顾他们。老公和我婚前基本上不会做饭的，现在也算很好的了，我也经常表扬他。

我们一般不会吵架，但每年必吵架两次，每次吵架的原因都一样。我平时每个月会回去看我和前夫的孩子，寒暑假就接到这里住一段时间，但老公就很有意见，各种给脸色。他的意思就是我去看孩子可以，但不要带到这个家来，任我怎么跟他沟通讲道理都行不通。孩子一年就来两次，合起来时间最多就个把月，老公都不能接受，我真的无法理解。我们婚前都有一个孩子，这大家都知道，又没有谁隐瞒谁，虽然孩子不跟我，但我这个当妈妈的就能什么都不管了吗？老公还说什么带到这个家来给别人看笑话，说小区的人都知道了。我就不懂了，两个人离过婚见不得人吗？再婚前的孩子带一段时间很丢脸吗？我不知道老公在顾及什么，我真不能理解。希望我对他的孩子好却给我的孩子脸色。以前我对他的孩子一直挺好的，别人都看在眼里，可是他一直不待见我的孩子，搞得我没有办法说服自己去对他的孩子像以前一样好了。人要学会将心比心，这件事，他从不会站在我的立场想问题，他的孩子天天和我们生活在一起，我的孩子一年来住一个月都不行。其实每次来，孩子们又不吵架打架，相处得挺好，几个孩子都还挺懂事。我跟他沟通了好多次了，这些道理都说不通。

我真不想为这件事吵架，除了这件事，我们几乎没吵过架，我也不知道怎么解决，沟通无效，我也不可能不管自己的孩子。恳请睿智的连岳老师给我一点建议，不胜感激！

角落

角落：

这事道理肯定站在你这边，建议你按原来的方式给予孩子母爱，孩子对妈妈的依恋是写在基因里的，直到他成年后才会慢慢变淡。母爱一直在，离婚对孩子的影响就会降到最低。

这道理不难懂，你老公一定明白，我相信你在吵架时也多次论述过。但人类吵架的目的，往往并非为了讲道理，而是为了不讲道理。你丈夫不欢迎这个孩子，可能有许多没道理可讲的情绪：可能嫉妒你对这个孩子的爱；可能不愿家庭开支增加；可能觉得影响夫妻生活；可能引发他对前妻的怨恨；可能担心自己的孩子思念母亲；可能担心前妻也会接走孩子……这些道理都站不住，但又实实在在地刺激他，他有强烈的冲动关闭这个刺激源头。吵架最大的不甘心就是道理都在你这边，对方却永不认输。这就是你现在的处境。

怎么办呢？

放弃这次婚姻？那显然过于冲动，也给自己和三个孩子制造了更大的麻烦。再说，他总体上是合格的。每年只吵两次架的夫妻，感情是好的。大多数夫妻吵架的次数远远多于两次，哪怕他们关系不错。

那不吵了，向他让步？也不是，你在做正确的事，也没必要让步，让了就得不停地丧失原则，让得伤害自己的孩子，这种痛苦对母亲来说太过残忍。

我建议继续吵，每年吵好这两架。吵架最大的杀伤力在于无法预警、爆炸性地发生，回过神时损害已经无法挽回。你这两架，固定时间、固定议题、固定套路，你不怕它发生，对你就几乎没有杀伤力。你没必要追求吵赢，只是表明自己的立场、态度与坚定，而且不怕吵这架。再吵几年，他估计就得认输了。

至于他的儿子，还是要对他好的。孩子是无辜的，伤害他扩大战火，架就真无法控制了。你对孩子好，同盟者也多一个，对吵架有利。更关键的是，你是一个好人，好人不要去模仿坏人，那样有双重的痛苦。好人要坚定地当好人。

祝开心。

连岳

事业之问

I Ask
Lian Yue
9

认真工作，
坚守原则，
这是职场最佳生存方式

忍辱的公务员

2021－04－01

敬爱的连叔：

展信佳！我留言过许多次从未被精选，也正如您所说，去信大概率不会被回复，当作自我梳理也好。我也想借此平台梳理一下自己的思绪。

受连叔好观念的熏陶，我作为一名基层公务员越来越看到自己认真工作的价值，也本着十分的真心、诚心、耐心对待我的服务对象，近期被提拔为部门负责人并调到了窗口部门。窗口部门偶尔会被投诉，我作为负责人需要妥善处理这些问题，一般情况下确实是我们的工作人员存在问题，此类事件倒是好处理，也正好是发现我们工作上的问题并及时整改的机会。特殊情况下，也会发生工作人员的确没问题，是服务对象自身不讲道理、纠缠的事，比如有人喝多了酒神志不清楚，有人在别处受了气来窗口发泄等等。今天有一个投诉，是因为服务对象第一个找到的窗口人员在忙而让隔壁窗口为她办理事项，让她多挪了一步路，她表示不满，哪怕在忙的那个窗口人员向她说明了情况。

现在整个政府部门都在打造服务型机关，优化营商环境，非常重视投诉的处理，因此投诉的结果无一例外，不论对错均是我们赔礼道歉、争取谅解。我们有时也会觉得挺委屈，投诉只是一通电话的事情，成本很小，但至少需要三个相关部门的工作人员各自花费1—2小时来沟通解决。我认为那些没有道理发泄情绪的投诉是占用公共资源，但我们无法避免此类情形。今天下午反复打了五通电话给上述投诉人，四次打通未接听，一次打通被挂断，明天上午我还得接着打，因为心里总是想着解决这个投诉，回家考证学习都有些心不在焉（这个纯属个人心理素质不行）。有些同事有时会放大委屈情绪，认为现在政府部门窗口人员总是低人一等，不能获得某些服务对象起码的尊重，越来越多的人不愿意在窗口部门工作，虽然我不这么觉得（很大一部分的服务对象都是很好的）——毕竟把自己该做的做到极致，被无理投诉的次数就是极少的，就算偶尔受点委屈，调整调整情绪就过去了，但是我却不知道应该怎样去安慰我的同事们，怎样帮助他们用正确的逻辑看待问题，从而快速从委屈的情绪中脱离出来。不知道睿智的连叔有没有好的思路能够帮帮我们？

祝连叔、连太好！

服务员小兵

服务员小兵：

看了你的邮件，我的第一反应，你可能想不到，是什么呢？是开心。

当然不是幸灾乐祸，政府部门窗口人员不应该无缘无故受委屈，弄清事实后，作为负责人，你应该安抚他们，鼓励他们。我开心的是，你所在的政府部门打造“服务型机关”是成功的。政府部门本来就应该是服务型机关，“为人民服务”几个大字一直挂在政府部门里面，这说明政府部门只能是服务型的。但政府作为国家唯一的权力机构，其中的工作人员又很容易忘掉为人民服务的初心，蜕变成骄横、霸道、高人一等的老爷。衡量一个政府好不好，最重要的标准就是看它有没有做好服务，老爷是做不好服务的，只有公仆才能。

我写文章，也像你一样，是在从事服务业。只要是与人打交道的行业，本质上都是服务业。我无论多努力，写得多好，每天都有人骂，有些还是多年的读者，可能他今天心情不好，或者某句话、某个观念他不喜欢，他就可以污言秽语，造谣诬蔑。早年我会生气，偶尔忍不了，还回骂几句。自从想通后，就不会气了。做好服务，理解人性就是了。人性丑的地方是什么？是下愚不移。极小一部分下愚者，永远在生气，永远不满意，永远不进步。你送他一百块钱，他高兴吗？他怒火更盛：你为什么不给我一千块，一百块顶什么用？生为下愚者，一生都在受惩罚，和他们有什么可生气的？多想想通情达理的大多数人即可，他们是人性美的地方，而且还有极美的上智不移，那一小部分上智者，就是我们做得不够好，也永远给我们鼓励、温暖与爱。越是委屈时，越不能忘了他们的存在。人间总的来说，是公平的，是美的。

好服务有两个内容，一是业务熟练，二是能受委屈。什么是受委屈？就是没错也被骂，骂了不能还嘴，有时还得道歉。业务熟练容易，能受委屈却难。能受委屈是什么，是孔夫子说的“人不知而不愠”的君子，是佛陀菩萨行中的“忍辱”，也是人民至上的体现。民众主要通过窗口真实地感受政府，当他们看到一个无理取闹的人，甚至喝高了的人欺负窗口的公务员时，他们看到的就是一个为人民服务的政府。从这个角度看，任何一个受委屈的公务员，从窗口一线的人员，到你这个无条件道歉的负责人，都是政府最好的代言人。这种委屈，不是浪费时间，不会忍受得没意义，而是相当值得花时间，相当有意义。

祝开心。

连岳

梦想职业竟然是“流氓”

2021－04－06

连叔：

您好！

心中实在困惑，求助连叔。

本人男，2020年毕业的四五线小城医学生一枚。我一直是一个不知道自己想要什么的人，选择学医是当初觉得医生收入可观，社会地位不低。本科期间像一只无头苍蝇，对未来没有规划。直到大四学“妇产科学”这门课，在妇产科实习时，体会到生命的神奇与伟大，我觉得我找到了我想做的事。本科毕业后，打算考研攻读妇产科学方向，与家人沟通，可家人拒不同意。

其原因如下：

1. 所在城市思想保守，如母亲这样受过高等教育的女性亦无法接受男性妇产科医生。

2. 所在城市之前也出过有名的男性妇产科医生，风评极差，我母亲称其为“出了名的老流氓”，同时认为我也会在若干年后被别人冠以相同称呼。

3. 父母已为我买房，希望我以后留在他们身边。

父亲支持我去做这一科，但同时隐晦地表达如果我选择他所学的科室，未来的医路将会更加顺畅（父亲同为医生且为市三甲医院科室主任）。于是我连续两年考研报名父亲所在科室的专业，奈何实在提不起兴趣，复习的时候没有动力（也有自己自律性不强的原因），于是遗憾落榜甚至未能进入复试。

看着身边的同学朋友个个小有所成，我却连自己要做什么都不知道，25 岁还在吃家里、用家里的。

前几天与家人商讨，我想去报考妇产科的住院医师规范化培训，但依旧遭到反对。

连叔，我该怎么办呢？

一只无头苍蝇

一只无头苍蝇：

人群中存在各种偏见，毕竟理性只是人的一部分，情感、习惯、传统，带有许多非理性的成分，也在左右人们的生活，忽视这部分因素的力量，也会让人碰得鼻青脸肿，事倍功半。

偏见有危害大的，危害小的，无危害的。对抗偏见就是对抗人群，需要极大的勇气、能力和技巧，有时候努力一生未必看得到成效。

如果偏见危害极大，阻碍社会进步，那值得一拼。比如偏见让产妇无法得到妇产科医生的服务，置产妇与婴儿于险境，那必须与之抗争，并一定要改变它。

你所在小城的偏见，是拒绝男性妇产科医生，这伤害了男性妇产科医生，但总的来说，这偏见危害是小的，因为有女性妇产科医生的服务，产妇与婴儿并不会增加任何风险。你与这种偏见对抗的结果就是，你成为一个被荒废掉的妇产科医生，同时在小城被视为“流氓”，总之，这偏见将带给你一连串麻烦，但其实并不值得改变它。

换个角度说，这种偏见有没有合理性？有的，小城市还属于熟人社会，产妇与产科医生要么认识，要么拐个弯就认识，不愿意自己的身体被男性妇产科医生诊疗，觉得以后尴尬，你可以说是落后，也可说是人之常情。进一步说，即使有某地产妇不接受任何妇产科医生，要改变这种极大的危害，改变的第一步，也是推出女性妇产科医生，让人们接受起来更容易。

你如果只想当妇产科医生，我建议你到那些不排斥男性妇产科医生的地方执业。你如果想留在当地当医生，我就建议你别当妇产科医生，任何一科的医生，都在见证生命的神奇与伟大。不是任何偏见都值得对抗的，多数偏见，就像豆花是咸好还是甜好一样，主观偏好而已，根深蒂固，难以更改，但没有危害；接受它们，顺应它们，与之对抗就是浪费生命。

祝开心。

连岳

自己即是药，能治世人苦

2021－05－19

连叔：

您好。

我是一名一线城市40岁的医务人员，女博士，普通家庭出身。虽然读到博士，但是科研水平一般般，临床水平还行，但属于整体能力有限、双商普通那种。目前有一房一车，有积蓄，但是买第二套房有点困难。父母双全，在老家，他们关系不大好，我经常会收到我妈妈50多秒的语音留言，希望我多关心她。爱人同样是医生，非常忙，我们关系还好，他事业处于上升期，但是对买房处于拒绝状态。孩子上小学，成绩一般般，我对她要求不高，估计马上叛逆期到了。按理，我应该知足，生活比上不足，比下有余。但是我对未来越来越感到迷茫，脑子里有两个小人在斗争，时而患得患失，时而欢欣鼓舞。常常上班时会怀着上坟的心情，感觉压力大于动力。工作方面，医患关系的紧张，科研和临床的压力，上下级之间的关系，让我常常有抑郁情绪，我觉得自己属于不精明的那种，后知后觉。我自己也明白这种状况不健康，但每天晚上睡觉前都想着，要不要辞职当全职妈妈？但是动动脚趾头也可以想到，全家都会反对，理由很简单，我已经算是有经验的医生了，都熬到现在了，应该继续坚持下去，再努力一点，未来可能会更好一点。我出去开会交流时，发现和我同龄的女医生，如果混得不怎么样，可能都会有类似想法，毕竟年龄增长，上升空间有限，体力也明显下降，还有繁重的工作，上有老下有小。但是看到很多男医生非常积极向上，我就很佛系，有点无所谓了。只是每当看到孩子那不太令人满意的试卷时也会自责，思考如果做全职妈妈是否对孩子有益？

我也学着比尔·盖茨结婚前那样，把自己继续工作或者辞职全职在家的优缺点罗列比较了，结果就是：坚持下去，收入可能会高，但是家庭不能兼顾。我也在想象连叔的回答：你已经比很多人好啦，学历够高，有经济基础，不应该辞职，应该珍惜当下，多多看书，多多运动，陪伴家人……我有朋友全职在家里，说很无聊，想着出来上班，但是上班了会有更多的烦恼。研究表明，女性每天要说够2万字，我想着每天都能顺利地说够2万字，一旦辞职就不能说够了，可能会更加抑郁，所以，我心里很清楚未来的路，但是没有勇气坚强地走下去，总觉得未来很艰难，很痛苦。希望能看到您的回答，非常感谢！

一个医生

一个医生：

我也不支持你辞职当全职主妇。

全职主妇的压力其实更大。你自己及其他人的期待很容易预见：既然全职了，那孩子自然应该样样拔尖。但了解概率就知道，在任何一个时空，普通孩子必然占大多数。从孩子的智商、成绩、技能来衡量，父母大概率是失望的角色，如果家有全职主妇，有意无意间，她背的锅更多，失望将加倍。养孩子，从爱的角度，成功率才是高的，只要不刻意摧毁父母与孩子天然的相爱，再普通的孩子，都会是世上对你最温暖的孩子，别人家的优秀孩子，顶替不了他。而是否相爱，和妈妈是否是全职主妇没有关系。

再来说说医生这个职业。先看一下大趋势。去年以来在疫情防控工作中，中国的医疗系统作用巨大。医护人员，地位与收入持续上升，是必然的。伤医、医闹、通过小概率事件抹黑医护群体，将被严厉制止，医护人员的执业环境将更好。指望医生的收入特别高，这在中国不现实，中国可能是世界上少有的想在医疗上给所有人基本保障的国家。天下大同的梦想不是空话，能力到了，是要玩真的，这也注定一些高收入、高技能的人员（比如医生）必须作出一定的牺牲，无论你愿不愿意。但医生要达到一个匹配其教育投入及重要性的体面收入，肯定能实现。也就是说，医生的收入会提高，但不可能特别高。

但收入不是医生成就感的唯一来源。医生是世上少有的大正业，你治好一个人的病，甚至只是安慰了一个病人，得到的反馈全是正面的，没有任何一个人因此不开心，病人更有再生的幸福。大多数病人得的只是普通的病，普通医生都治得好，这些病没办法成为医生的论文，帮助他们实现科研突破，从这个角度，或许会让医生觉得乏味、重复、无聊，甚至不耐烦，但再普通的病治好了，都能给一个人、一家人带去快乐，每天能给别人带来这么多快乐的职业，除了医生，不多了。

你观察一些医生，他们执业时间越长，地位越高，越温和，越有耐心，律己越严，这主要不是因为他们经济压力小了，生活的烦恼少了，而是因为他们认识到自己的一切都是治疗，胸怀、善良、微笑、温暖。自己即是药，能治世人苦，一个医生，每天都能享受这种成就感，不会舍得辞职，不会舍得退休。你也将是这样一个医生。

祝开心。

连岳

好工作的标准

2021－05－30

连叔：

早安。

这几年每天看您的文章已经成为开启一天的最重要的功课和仪式，看了您的文章才更有勇气迎接每天的生活。

最近一直想给您写信，但每天都很忙，今天终于在请假的情况下给您写信了，希望您能看得到。

我不知道我该走哪条路了，渴盼连叔指点。

我目前在准二线城市的一家一千平方米左右的瑜伽馆做管理工作兼教练，馆里私教会员相对饱和，老师上课量比较大，所以老师也接近超负荷工作的状态，偶有情绪。今年又确定两家商场店，也都是一千平方米左右，年底前应该都会营业，到时候我应该会更忙。

我在瑜伽馆做管理、营销策划和上课，好像已经习惯了那种很忙碌、不顾家的生活，直到我妈突然去世……

我老公工作稳定、双休，月入平均 1.2 万元左右，加年终奖差不多年入20万元左右；我月入平均1.2万元左右，没有年终奖。

我们有一个4岁半的男宝，公婆与我们同住，帮忙带孩子。目前有三套房子（其中一套出租，两套在还贷款）、两辆车（一辆有车贷），去掉租金，每个月还贷7 000元左右。

五个月前我妈去世，因为非常突然她又很年轻，对我打击非常大，爸爸想不开差点自杀被我发现，我现在经常做噩梦，害怕亲人离去。

一个月前我跟老板提出离职，不想再继续这份工作了。首先我自己的情绪状态没有恢复，很难照顾会员客户的情绪；再者，之前陪伴爸妈太少，每次去爸妈家都是匆匆去匆匆回，陪老公儿子的时间也很少，儿子大部分时间都是老公陪；另外老公也说目前我的身体和情绪最重要，就近换一份轻松的工作，能更多地回归家庭。

老板建议我减少一点工作量，不同意我离职。我妈去世后，老板帮了我很多，陪我去外地散心，对我很好。我感觉我现在更多的是出于帮她，而不像以前主要是为了赚钱和自我实现，我现在对钱看淡了很多。

连叔，现在有两个选择，我在纠结：

1. 继续现在的工作，三店同开，有分红，工资更高（老板对我说的时候我没有了以前的兴奋，不知道是暂时这样，还是以后都这样），一定比之前更忙。儿子明年上幼儿园大班，爸爸今年66岁，我陪伴爸爸和儿子的时间估计依然很少。

2. 转行就近做一份正常上下班、有双休的工作，工资差不多三四千元，有更多时间陪爸爸和儿子。

请连叔见谅，我无法想得更远，每一天都靠连叔和一句日历上的话支撑着。

是我现在太懦弱了，想得太天真，还是我该继续坚持或者作出调整呢？

渴盼连叔的指点，无论哪条路，我都会坚定地走下去。

祝连叔连太幸福、快乐。

妈妈的女儿

妈妈的女儿：

中国人的优点之一是勤奋，这点不能丢，丢了国将不国。中国人的缺点之一是过于勤奋，这点也不能长，长了家将不家。

把握勤奋与过于勤奋的平衡点，就是好工作，就是好生活。把这个抽象的标准具体化，那就是你能陪家人吃晚饭，一起过周末与节日，有充足的睡眠时间。再简化一点，那就是基本能做到准时上下班的工作。这工作又能长本事，有成就感，那就完美了。这个标准虽然简单，但我们确实需要某件事情的触动，才会去遵守，对于你来说，可能就是妈妈的去世。

我知道这个标准的可贵，也花了二十年。尤其是劝连太改行时，才知道这个标准的落实很难。连太曾是最出色的律师，法律水平高，心又好，这导致她业务缠身，终年无休，经常通宵达旦工作。我曾劝她减一点工作量，后来发现不可能，律师的工作一定会影响生活，越好的律师越是如此，这是律师业令人痛苦的、无法改变的本质之一。那就只能釜底抽薪了，时机成熟时，我劝她，我们一起开个公司吧，别做律师了。这就是我的公司成立的最大原因。

既然自己做主，我和连太在公司成立时就围绕着平衡点的标准订了三条原则，不管风气如何，我们就按这些原则走。第一就是不搞加班加点那一套，并且给足体面的收入。工作只是生活的一部分，工作是为了让生活更好，这才是工作的真正意义。第二，只和自己尊重的人合作，这样选商业伙伴，也这样选员工。第三，再有优势，也绝不做只有自己挣钱的事，有钱要大家挣。这样，自己是好人，身边也只有好人，自己和别人都活得好，身心舒畅，前景不至于差。我们当时也有疑惑，这么理想化，万一公司活不下去怎么办？答案倒也简单，那就关门退休。

这个标准落地，也有曲折。有人理解不了，认为你骗人，有人认为你傻，想来骗你。不过，我们没有关门，想关也关不了，因为我们活得越来越好，非得开成百年老店了。

说这些的意思是，这个社会是有很多公司是追求工作与生活平衡的，有很多人也坚持这个原则，不会活不下去，而且这才是正常的活法。除了军人、警察之类的特殊岗位，在市场上自由选择的工作，无论是雇主，还是雇员，都不要放弃这个平衡点，不然的话，钱给得再多，没时间恋爱、成家、生子，无法陪伴家人，人生有什么意义呢？他又怎么会喜欢工作呢？

所以，无论你选不选二，一都是不能选的。

祝开心。

连岳

高考之后的人生

2021－06－10

连岳老师：

我又来给你写信了，虽然你没有回复过我。也许每一次写信都是对内心的一次梳理，不一定是为了等您的回复。

今天是2021年高考的第一天。今天我在医院工作了一天，依然很忙，也和以往上班的任何一天一样，我写文书记录的时候看着6月7日这个特殊的日期，就回想起13年前的今天，我参加高考的时候，当时从来没有想过13年后的今天是这样的。

这13年，我经历读书，还助学贷款，给爸爸妈妈买新房子，爸爸生病经过手术和化疗好转，妈妈做了大手术，姐姐们结婚生子，我们三个人都从小城市来到二线城市安家，她们的小家庭有一到两套房子，有自己的车子，我也靠自己买了房子，有稳定的医院工作，只是暂时还没有结婚，而且我们的大家庭关系也非常融洽。

我小时候不知道长大以后会过怎样的生活，只希望爸爸妈妈能不要那么辛苦那么累，想给他们买新房子不让他们被大家族的人嘲笑（大家族的人都不支持我们读书，爸爸妈妈很辛苦，送我们上学，没有自己的房子），想他们健健康康，想他们因为有我们而内心踏实幸福快乐。这些好像都实现了，但我还是觉得成长中的这13年的人生没有那么完美，好像不是我懵懵懂懂中期待的那种生活。

原来工作有烦恼，生活有烦恼，虽然我们都在努力低头拉车，也同时认真寻找生活里的美好，但总会有情绪沮丧失落的时候。今天工作时又有病人因为病情对我发脾气了，说真的，我能理解病人和家属，也能自己消化情绪了。姐姐的婆婆因为很小的事情，竟然离家出走了，没带任何联系工具，姐夫工作一整天，下班后和家人找了一整晚，夜里10点多去派出所报警登记，到现在都没有回来。这就是成年人的无可奈何啊，白天工作，晚上还有这样的琐碎等着你。连叔，如果2021年6月7日的我回到2008年的高考考场，知道原来13年后的今天是这样的，不知道我是否还有勇气去畅想未来，去接受一年又一年的成长和改变。

连叔，我知道，我们认真工作学习生活的每一天，都是为了不辜负来到这个世界一趟，不辜负爱我的人，不辜负18岁时高考考场上奋笔疾书、心怀梦想的那个少年，所以一边长大、一边接受、一边改变。连叔，这就是我们成年人该有的样子，对不对？有责任、有目标、有计划、有行动，还有接受一切好与不好的心态和能量。

连叔，你说再过10年的6月7日，我想起今天晚上沮丧流泪给你写信的时候，我会是什么样子？希望我能越来越好，我会继续低头踏实拉车，等抬头仰望的时候，觉得沮丧失落的时候，我心里一直都有那个在高考考场上奋笔疾书、畅想未来的少年。

XHMM

XHMM：

我很喜欢你订10年计划的思考方式，人生经常需要有这样的大视野，才能有大格局。脚踏实地，10年可以完成的事情，超乎我们的想象。正如你13年前的少年梦想是给父母买房子，现在超额实现了。

在你这个融洽的大家庭里，你父母的幸福感应该是最强的，虽然他们步入老年，生过大病，动过大手术。13年前，他们可能是你10年后的年纪，仍然一穷二白，拉扯三个孩子，眨眼间，美梦成真，孩子们各有事业，生活富足。他们的人生如倒吃甘蔗，渐入佳境。这是他们该得的，13年前的那种窘迫，没有让他们放弃、哀怨，他们不顾嘲笑，坚持让教育与高考改变你们的命运。没有这种韧性、忍耐与远见，就是给一个中国这样和平繁荣、高速发展的大环境，也不会有这么大的成就。你人生已经接触过很多好老师，但最好的老师就是你的父母，在遇到困难时，想想最困难时的他们，你必然会生出无穷的动力。

你现在的沮丧属于甜蜜的沮丧，是少年梦想实现后的短暂失重。你父母的梦想比你更大，住上新房子，他们就满足了？不是的，他们希望你经营好自己的家庭，事业上不停精进，成为一个大医生，一个伟大的医生。父母不会陪伴我们一生，他们几乎不可能看到孩子最终的成就，但他们生前看到自己的文化基因在孩子身上体现，你的韧性、忍耐和远见像他们一样，他们就会放心，觉得自己的一生非常值得，没有遗憾。如果我们的人生浮皮潦草，得过且过，对家庭、对事业的责任心不够，可能会听到那些好父母在天堂失望地叹气吧。

第七次全国人口普查显示，中国大学（指大专及以上）文化程度的人口近 2.2 亿，被时代、被教育、被高考改变命运的人已经很多，只满足于自己的小生活，那可能用小了这个命运。一份工作，一个小安乐窝，不难得到，物质满足后，饱食终日，无所作为，人的精神反而会退化，要么虚荣炫富，要么好高骛远，要么纸醉金迷，要么意志薄弱。人在物质目标之上，还要有一个高一点的目标，这样，我们才不会被日常的琐碎牵着鼻子走，也才能做到见利思义。

这个高一点的目标是什么呢？是让自己的好父母、好师长以自己为豪，是让更多人的人生更美好，这个目标是无限的，可以奋斗 10 年，可以奋斗一生，永不厌倦。你是医生，有实现这个目标的职业优势，止痛疗伤后，病人就有微笑。你的一刻专业与抚慰，就可以改善病人及其家人的一天，甚至一生。一刻都这么美，积累10 年，我不知道有多美，到时你告诉我吧。

祝开心。

连岳

当好公务员得超越人性挑战

2021－06－30

连叔：

您好。

我跟丈夫是您的忠实读者，丈夫从大学开始就一直关注您，收藏了您的每一本书。可以说您陪他走过了人生中的每一个重要阶段。我们恋爱的时候，他把您推荐给我。

言归正传，我们两个都是90后基层公务员。普通家庭的孩子，通过考试走进体制内工作，现在都是单位的中层干部。我最近遇到一个难题，不知道接下来的路该如何选择。在最近一次领导提拔中，原本属于我的领导岗位，在公布前临时换成了其他人，不是因为我能力不行，而是因为我没有政治资源。内心失落肯定是有的，但及时调节了一下，也没有多难过。我现在的岗位，工作强度在单位是最大的，付出的时间和精力都比较多，我纠结的是继续在这个岗位坚持下去，等待下一次提拔的机会——当然也存在还是被其他人顶替的可能，还是换一个轻松一点的岗位，就算以后不被提拔，自己心里也能平衡，起码不用付出那么多，可以多点时间陪伴孩子和家人。

迷茫的糊糊

迷茫的糊糊：

想当公务员的人很多，但当好公务员不容易。好公务员要有一点反人性的本事。

看看人们想当公务员的理由，不外乎收入高，工作稳定且轻松，可以照顾家庭，当官能够光宗耀祖之类的。这么想是人性，你不能说有什么不对。

可当好公务员却要超越这人性。“为人民服务”几个大字写在政府机关里，这定性了公务员就是服务员，服务员只想着自己事少钱多地位高，那是做不好的。好的服务员，是眼里有活儿、不怕累不怕苦、把客户放在第一位的。这点中国古人已经想清楚了，即孟子说的“民为贵，社稷次之，君为轻”。君就是最大的公务员，民不满意了，他最终也就当不成君。只不过，实现这种政治理想，原来只能靠士大夫的道德自律、慎独、反省。每个朝代都有实践了孔孟理想的名臣，范仲淹、文天祥、王阳明，他们活在今天，也是最优秀的公务员。只是这样的人太少，道德自律的局限性太大。想得到与做得到之间，还有巨大的鸿沟。

现在这鸿沟可以填平。决策者难道不懂很多人是冲着享受与待遇去当公务员的？只不过是不怕，有了办法。自古以来的道德自律当然还有，这也是最本质的，一个人只有内心想通了，他才能成为一个高尚的人。但想不通的还是多，这时候就要有严格的他律，反腐败的意义就在此，想不通也不能做。命令与纪律的意义也在此，让你做的事，你暂时理解不了，甚至有怨气，也得执行。你没有理想？没关系，我有办法让你不能乱来，为中国的远大理想而工作。

想通这点，就会知道，为了升官发财去当公务员，那是走错了门，只会让自己难受。发财肯定不可能。你做得好就必有官当？也不是，出色的普通公务员比比皆是，他们一辈子都没官当。认为自己做得好就应该被提拔，这是人性，但公务员要当得一生安宁，又要超越这人性，我觉得这是公务员最关键的心理突破，否则永无宁日。当完科长，你觉得自己应该提处长；处长干了几年，没厅长当就有脾气，最后是不是非得让你当主席？早点理解公务员就是服务员，就没什么气。永远都把手头的活儿做好，永远都把你面前的人民服务好，就是最好的方法，没有提拔，你也会快乐。

祝开心。

连岳

职场最佳生存方式

2021－07－18

连叔：

您好！

我硕士毕业后，进入银行工作，刚工作的几年，因为我学习能力和工作能力强，又吃苦耐劳，得到了很多领导的好评，获得了各种评奖评优和荣誉奖励。

六年前有一笔逾期贷款，领导让我用某种方法帮它续命，避免成为不良贷款，其中涉及违规操作，我拒绝了。此后，领导对我的态度就发生了180度的转变。其实我知道，领导心目中的好员工最重要的就是听话，但我一直是个循规蹈矩的人，实在做不出违规的事。此后，我曾天真地以为努力工作可以弥补“过错”，改变领导对我的态度。但是似乎一切都是徒劳，我孕期和哺乳期加班，不休哺乳假，甚至累晕在办公室……领导始终无法给予我一个公平的对待。看着那些曾经混得不如我的人，如今都升职了，我的心情糟透了。

最近，另一个同事因为领导不公，和领导公开吵架，领导反而对他恭恭敬敬，即使他不工作，领导也不管，部门风气非常差。

我很迷茫，不知道接下来的路该怎么走。曾经想过辞职，但因为怀孕、休产假耽搁了，现在过了35岁了，跳槽的话，晋升空间也有限。家里人都不同意我辞职，认为女孩子工作稳定即可，现在年纪也大了，跳槽犯不着。如果继续做现在这份工作，我该怎么做呢？继续认真努力？我感觉很不值，付出再多，也是徒劳，而且长期以来的付出和得到不匹配，会让我心理失衡。反正干多干少没区别，干脆学那个同事那样混日子？我又感觉很不甘心，毕竟我曾经很优秀，我不想浑浑噩噩地过下去。很矛盾，很痛苦。

希望连叔给我指点迷津。

盼回复！

S

S：

你为什么要走？明显是你领导待不久了，有你这样为原则悄悄不服从的下属，也有敢和他公开吵架的下属，他已经没有威信，带不动队伍了。他不仅比你更痛苦，还充满了恐惧。他为什么对敢于吵架的下属“恭恭敬敬”？就是怕嘛，怕自己见不得光的事被抖出来。看见厨房有一只蟑螂，那就说明厨房不止有一只蟑螂，他让你干违规操作的事，那就说明他干过许多违规的事，这种人随时被抓起来都有可能，有什么可怕的？

做人的底线是不干违法乱纪的事，这不是为了讨好谁，这是自己安身立命的本钱。你要庆幸自己有勇气拒绝了领导违规操作的要求，不然的话，就和他捆绑在一起了。有第一次就有第二次、第三次、第 N 次，他在这种违规中拿尽好处，你得到的只是他“对你好”，以后追究责任，你一分好处没拿，也跑不了的。这种人对你好，你才要恐惧。你那个敢公开和领导吵架的同事就是看透了这点，和坏人彻底撕破脸皮，而不是讨好他，反而规避了风险。

你以后怎么做事？以不变应万变，还是“认真工作，坚守原则”，这是职场的最佳生存方式。遇上正直公正的领导，他会欣赏你、尊重你；遇上不正直不公正的领导，你可以远离风险。这就是孔子说的“人之生也直”，真正通透的人，他的生存与生长，靠的是坚守原则的直道。如果说人生有什么需要讨好的话，唯一要讨好的就是直道。如果领导不赏识，就不认真了，没原则了，觉得人生没希望了，那就是糊涂的人，只能靠运气幸存，大概率是痛苦且活不好的，这就是孔子说的“罔之生也幸而免”。

你能坚守原则，并承担因此而来的压力，这正证明你走在直道上，是好事。

祝开心。

连岳

在大城市立足需要什么？学历？能力？财力？还是别的什么？

2021－07－22

连叔：

您好！

关注您很久了，也看了您写的很多文章和对读者的答疑，感觉您是一个阅历深厚而且有大智慧的人。最近，我和我对象遇到一些选择上的事情，想向您请教。

我和我对象相识在北京，我比她大几岁，她研究生毕业时拿到了上海户口，去了上海工作，我留在了北京工作，但因她一个人在上海漂泊加上工作不顺利也不喜欢，待了半年多后就离职了。离职后她选择了回家，回到那个三线小城市，在那里她通过考试选拔考取了教师事业编制，也顺利地在她的家乡当了一名小学英语老师。在后续的一年多的任教中，她对上海还是念念不忘，再加上她在上海有户口，她决定考上海的教师编制。终于，她今年考上了，但在她即将赶往上海的时候，她又犹豫了，她担心去那里压力大，从工作到生活等一系列的压力，她不是一个爱冒险、有冲劲的人，比较喜欢稳定，去一个陌生的环境需要很久才能适应。遇到她之后，我就想着，她去哪里我就去哪里，本打算她在家乡稳定后，我就过去，她决定再去上海后，我也很支持，但现在我们犹豫了。

我因工作原因，去了很多城市，慢慢也看到了现在国内的大环境，我真切地感觉到，想在大城市立足越来越难。但是想想以后，我又觉得去上海也是一个不错的选择，虽然前期会很难，也比较艰辛，但我相信，两个人相互扶持，也会好起来。

几年前，我在家乡省会城市买了一套房，作为投资用，但这几年那里的房价也没多大波动，只能算是保值。我们一旦去了上海，就要面对买房，然而在那样的城市买房，靠我们个人的力量远远不够，我们不仅要将自己的积蓄投入进来，还需要父母的补贴，考虑到父母年老，也很不忍心让父母再为我们劳累奔波。如今我已经提出离职，但我们依然对是否去上海这件事感到迷茫，希望连叔能给一些宝贵的建议。

最后祝您工作顺利，生活幸福！

一个向往生活的人

一个向往生活的人：

在上海这样的大城市立足，需要什么？

学历？你对象是研究生，估计你也相当，足够了。她还顺利地拿到了上海户口。

能力？你对象想考哪里的教师编制就考得上，指哪儿打哪儿，足够了。估计你也相当。

财力？你在省会有一套房子，无论如何不能说穷。

你们的学历、能力与财力，是靠前的。你们都不能在上海立足，那上海就不可能有这两千多万市民。你们在哪里都能立足。

看完你的信，很多人要骂你们矫情，觉得这些条件给他们，他们不知道有多开心，去哪里也不怕。我不认为你们矫情，否则就不会回你的信了。你们体现出来的这种“怕”，正是你们在上海不能立足的缺陷，甚至可能在任何地方都不能立足。

这种“怕”的原因到底是什么？

对象去哪里，你决定跟着去哪里，这证明你是一个好恋人，将来更大概率能把婚姻经营好。此时你为什么不怕？按理说更应该怕，感情若是变冷了，变心了，不幸消失了，你得从头再来，甚至有被抛弃在异乡的痛苦。我知道你不怕的原因，因为你相信你们的爱情，你相信自己一直爱她，你更相信她爱你，有了这个相信，就有了坚定与勇气。所以，你们怕不能在上海立足的原因就是你们不相信，不相信上海，也不相信自己。你们随时准备变心，上海怎么可能爱你们？

在上海这样的大城市立足，核心能力是相信。相信这座城市是公正的，会回报善良者、努力者、贡献者；相信自己一定能做到善良、努力与贡献。这与恋爱一样，没有这种相信，学历、能力与财力，都是无源之水，无本之木，得不到爱，成不了事。

其实，不仅在大城市，在中小城市，小县城，小乡村，在任何地方，人立足的核心能力都是相信；没有相信，在哪里都痛苦。你因为文凭高，能力强，在小地方特别瞧不起人，眼高于顶，你也不可能活好。

无论待在什么地方，先用四五年时间，证明你是一个善良者、努力者、贡献者，必能立足。

祝开心。

连岳

工作永远不变的本质，理解不了就没有好工作

2021－08－15

连哥：

您好。

很感谢您看到我的这封信。和您相识其实很偶然，也很幸运，前几周和闺蜜聊天说到近来的困惑，闺蜜说自己也给不了很好的建议，或许可以试一下发信息给您。看了您的很多回答之后，更想和您说一下我的困惑了。可能话语间有些凌乱，因为我自己也没有考虑好其中的利弊，请谅解。

我本科是一个普通一本，研究生毕业于华中地区的一个985学校，天坑专业。本科的时候也想着要转专业，但是又想可能每一种行业都有它的辛苦和需要忍受的方面，遂搁置了。我本人是一个比较懒、有些社恐但是在某些场合能假装外向的“咸鱼”。我没什么大志向，就是喜欢平淡规律的生活。

我是今年的应届毕业生，去年秋招投的都是地产行业，

也是想着我这个专业去甲方好像是最好的选择，有着外人眼中的高工资和相对于施工单位比较稳定的生活。投了很多企业，绝大部分都没有回信，第一次真正地感受到内卷，当时也是不停地跑面试现场，心理和生理上都非常累。最后阴差阳错得到了一个央企的录取通知。当时还是挺高兴的。今年上半年开始就有点后悔了，录取的地点不是自己想去的，我想留在武汉，这个我待了六年的城市。我男朋友也即将在武汉读研究生，在 6 月份也找了一下工作，但是没怎么认真找，也没什么结果。

现在我已经入职近两个月了，很不喜欢现在的工作内容和压力。虽然这是一个央企，但是每天都要加班到 9 点，我的带教人（入职三年的校招生）经常要加班到 11 点。我现在的工作内容都是处理一些内业和数据的统计，大部分时间是和别人沟通。我感觉很不喜欢现在的生活。但是我现在工作时间还较短，也无法清晰地分辨出这种不喜欢更多的是因为工作本身还是因为一个人在外地工作。

我现在想考事业单位，我宁愿一个月工资少一些，也想每天工作轻松一些。生活不就是自己在过吗？想要这样的生活也行吧？现在纠结的地方在于，如果我裸辞，后续备考期间的生活费还要找家里要，真的非常不好意思。我家里条件不好，弟弟还在读高中。一个名牌学校的研究生丧失应届生身份在家里啃老会不会很丢脸？如果不裸辞，边工作边备考，下班之后就没有多大的精力备考了，时间也不够。还是说我应该把这份工作坚持做下去，身边人都在对我说要吃苦，我没有什么好反驳的，但是内心极其不快乐。是我太矫情了吗？可是如果我连自己的情绪都满足不了，我不知道挣那些钱还有什么意义。

说了这么多，思绪还是有些乱。

祝您身体健康，工作顺利！

M

M：

人不是所有情绪都要被满足的。恰恰相反，人的成长是知道自己有些情绪不必被满足、不能被满足。贪污受贿，是情绪的满足。强制猥亵醉酒的同事，是情绪的满足。沉迷于游戏、酒精、赌博与毒品，都是情绪的满足。贪、嗔、痴，是情绪，佛家永远不满足。克（只认为自己该赢）、伐（自大）、怨、（恶）欲，孔夫子认为这些情绪是仁之大敌。人类进步史就是情绪克制史，个人进步史也是如此。

想考公务员、事业单位的人，最多的愿望都是像你一样“工作轻松”。这是真实的人性。不排除体制里有人混日子，很轻松，但这是见不得光的，没尊严的。吃体制饭是为了什么？是“为人民服务”，你个人的情绪满不满足，是次要的，人民的情绪得到满足才是首位的。别以为这只是句套话，会认真执行的，因为做不到就动摇国本。带着“工作轻松”的目的进体制，这思想一定会被掰回来，就是想不通，也得为人民服务。政府的存在不是为了让体制人轻松舒服的，而是为了让人民轻松舒服的，颠倒过来，政府就会失去民心。我想得到这点，国家的管理者理解得更深刻，更有定力。

央企已是很多人羡慕的体制，也以为“工作轻松”，你亲身经历证明并非如此。央企、国企，可能并不比私企好混。KPI（关键绩效指标）一样高，钱就未必了。私企 996，资本家要被骂得狗血淋头；央企国企 996，你是为国家创造财富，有什么可抱怨的？同样的道理，在公务员、事业单位也是一样的。近两年的防疫，那些无条件加班的、超强度工作的人中，主力是吃体制饭的人，有什么条件可讲？哪有轻松可言？

工作没什么轻松的，包括吃体制饭。作为刚毕业的大学生，一定要尽早知道这个工作的本质。否则，就会对所有工作不满意，总想找一个不存在的“轻松工作”满足你的所有情绪，这导致迟迟无法开始工作，动辄辞去工作，甚至一直在家啃老。这不是说你不能换工作，不能去考事业单位，而是说你得在工作之余准备，或者自己攒足生活费后专门准备，不能躲回家啃老（即使你父母同意）。这样当然更苦，不过这些苦就是人生要吃的，早吃早好，吃了才不会飘在空中，才能早点接上地气。

祝开心。

连岳

当下最好的人生规划法

2021-09-08

连叔：

您好！

给您来信主要是想梳理一下自己，希望能得到您的指点。

我是一名马上要到35岁大关的中年女子，虽然我不想这么称呼自己，但职场上仿佛这就是一个大限，好像绝大多数部门的机会大门都会朝我关闭，所以有些疑惑。

我从小循规蹈矩，顺风顺水地考取了重点大学，在别人眼里可能觉得我是学霸，但工作后我觉得自己缺乏自己的想法、思考，做事都是按部就班，十余年的职场生涯并没有多大建树，自己也没有野心，总是希望工作和家庭获得平衡就行。现在在一线城市，有两个孩子、两套房子，家庭和睦，夫妻双方都有稳定的工作，收入比上不足比下有余，家里的老人也给予我们很大的帮助，这样看来好似我没有什么烦心的事情。

可能是对自己的职业生涯没有很好的规划，工作上总是觉得缺少什么东西。毕业时没有找到专业特别对口的工作，而后又随波逐流跨了行业，所以感觉自己的工作没有专业性可言。对待工作，我好像总是眼高手低，希望自己能向专业的方向发展，又不知道该往哪个方向发展，就这样一直想，随着自己结婚生子，忙于生活，也一直都没有找到明确的答案。最近工作上有些变动，我貌似得到了升迁，有了管理的职责。但新的挑战也带给我新的烦恼，有些焦虑，有些迷茫。这样的职场生活是我想要的吗？好像从来都不是，但自己又不知道能做什么。最近看到朋友有在职求学的例子，我也心生羡慕，思考自己是不是也可以。通过再次系统地学习，找到自己的意愿，作为抓手可以重新开始另一份我会喜欢的工作。但是这也意味着投入在家庭和孩子上的时间精力会减少，自己也会很辛苦。

所以我想问，我是应该这么不咸不淡地在现岗位上坚持下去找出路（好多年了还是没有找到），还是从另外一个方向找突破、找出口。

以上，还请连叔指点一二，非常感谢。

祝好！

有些疑思的中年女子

有些疑思的中年女子：

按部就班让你得到了这一切，那么，继续按部就班就是最好的人生规划。在管理岗上迎接新挑战。把孩子教育好，把身体保养好，把夫妻感情滋养好，把老人照顾好，把财富守护好。

在一个和平上升的大国里，我认为绝大多数人最好的人生规划就该按部就班，该读书时读书，该工作时工作，该恋爱时恋爱，该成家时成家，该买房时买房，该生子时生子，大智若愚，跟着走，就像你一样，这才是风险最小的正道。你踩准了所有节奏，这是大本事。在任何一个节点，摇摆一下，犹豫一下，迷失一下，节奏都会乱，人生就走到另一条岔路上了，比起你现在有的，那可能一半都没有，甚至一样都没有。

很多人可能会觉得你“凡尔赛”，我当然不这么认为，这是富裕后必然出现的问题。穷难，富也难。穷难，难在物质，但也容易满足，吃点好的，穿点好的，开心很久。富难，难在失去追求方向，没有了精神，得到再多都不满足。为什么不少人一富就变坏？败形象，败人品，炫富、酗酒、赌博、吸毒、嫖娼、包小三，甚至欺男霸女、为非作歹？非得搞到家破人亡，一无所有，身陷囹圄，他才收手？那就是他用不好富带给他的能量、时间与自由。能量更足，空闲更多，自由更大，饱食终日，无所用心，那就只能去搞事了。

解决这个富之难。一是要有点能力，会独处，爱阅读，那不怕人闲时间多。人要有意识地训练自己完完整整、安安静静读完一本书的能力。多读书，读懂书，人也不会狂，你再牛，在文明史的长河中，都只是一点小泡沫。二是要有责任感，责任感是终极解药，你富了，所有沾你边的人都倒霉，都讨厌你，有什么意思吗？你富了，当然要让家人好、同事好，乃至社会好、国家好，有这么多责任，怎么会乱？怎么会无聊？这就是孔夫子说的富而好礼，终身进步，也是现在“第三次分配”新提法的意义之一。富了无聊，富了变坏，那富就没有意义；富了要多尽责任，在尽责任中找到方向与意义。富了，更有余力不争不抢、不急不躁，做点目光长远的事，先把这个原则用于家庭，都够忙的。行有余力，则人间永远有很多事值得你做，等着你做。

祝开心。

连岳

年轻人的身体与财富

2021－09－10

连叔：

您好。

我现在很迷茫、很痛苦，也没有人可以倾诉，因为我性格非常内向，没有朋友，所以想跟您聊聊，希望您能回信。

我今年47岁，老公50岁，上个月因病去世。因为我一直以来都比较依赖我老公，家里什么事都是他做决定，我只管上班，现在他人突然一下没了，我觉得很无助，有点事情，也没有人商量，迷惘之际，想到了您，希望您能给我一些建议。

儿子在985大学读研二，学习也不错，今年可以申请直博，他的导师希望他申请，他问我的意见，我也希望他申请直博，不知道这样对不对？他爸去世对他的影响也不小，关于他未来的工作，他曾跟我聊到，说想趁年轻辛苦几年，多赚点钱。可是我不希望他为了赚钱不顾身体健康，我从心底里希望他能够有一份稳定的、不熬夜的、不太累的工作。之前他爸说过，想让他将来考选调生或者是留校。因为选择的方向不同，努力的方向就不同，所以现在我很迷惘，不知道应该给他怎样的建议，想听听您的意见。

一位迷惘的妈妈

一位迷惘的妈妈：

按孩子爸爸的意思，无论考选调生还是当高校老师，博士学历都有帮助。没有博士学历，甚至都不太可能当985大学的老师。你又一向听孩子爸爸的，所以选择就简单了，支持孩子读博士。

你们关心的两组关系，辛苦与赚钱、辛苦与身体，则无论读不读博士，都得有正确的认识，不然指导思想错了，行动就有偏差。

孩子说想趁年轻时辛苦几年，多赚点钱。有这吃苦精神是好的，但辛苦了一定多赚钱却未必。年轻人没钱是常态，在很长一段时间里，他们要积累经验、提升水平，最后收入增加，盈余多了才能变富。年轻人要学会坐冷板凳，这句话的意思也包括必须放弃暴富幻想，要有耐心慢慢过上好日子。如果选择当高校老师或者公务员，那么，在当地中等程度的收入是有保障的，但赚大钱却不现实了，尤其是公务员，可能会很辛苦，却一定没有大钱。不做好这个准备，可能重则经不起诱惑，搞权力变现、贪污受贿那一套，轻则怨天尤人，恨党恨国，吃饭砸锅，面目可憎。

你希望孩子以健康为重，找一份稳定的、不熬夜的、不太累的工作。以健康为重是对的，这条原则不能丢，有了钱没有了健康，那等于白忙。这种工作即使走运找到了，如果自己狂吃垃圾食品，抽烟酗酒，作息不规律，老是熬夜，不运动，那也要失去健康。总的来说，健康主要是靠自我管理，与工作的关系是次要的。加班到变态，彻底损害员工健康的公司，毕竟是极少数，绝大多数工作是能够保持健康的，所以不能走到另一个极端，好像年轻人吃点苦、受点累就会完蛋。年轻人要有点吃苦受累的精神，即使工作轻松，有大把业余时间，也要自加压力，把时间利用起来长本事、做学问；不然轻松的工作反而耽误了自己，一晃十年过去，你被养得一点本事也没有，进退两难，同龄人却被压力压出了一身本领，左右逢源。

自我管理能力强，不变形、不着急、不虚荣、不偷懒、能耐烦、负责任、量入为出、慢慢积累，这样的年轻人一定能走到又健康又富足的状态。

祝好。

连岳

人生之问

I Ask
Lian Yue
9

人总要先苦后甜，
一点点积累出
美好未来

人生最低谷的最好策略

2021－04－16

连岳老师：

你好！我是一个只有高中学历的二孩妈妈，今年35岁。去年老公在我二胎怀孕7个月的时候自杀了。因为他沾染上网赌不堪负债，并且觉得无颜面对家人，所以选择了轻生。这些是他死后我看到遗书才知道的，不给我们补救的机会。在我憧憬着未来的时候，突然直接面对网赌、负债、老公自杀这些冲击的时候，我整个人是蒙掉的，这中间的艰难不想再回忆了。经过一段时间的低迷，我知道深陷过去没有益处，我想逃离负面情绪，重新站起来，但是我是个想法比较凌乱、不能系统梳理自己的人，即便理清了过段时间又凌乱了，所以这次想求助连岳老师，希望能给一些建议：

一是自我发展问题：我现在和公婆生活在一起，一方面需要他们帮忙带孩子，我才能抽身工作赚钱，一方面爷爷奶奶很疼爱这两个孙子，孙子能慰藉他们的丧子之痛。但是我们生活在广东一个二三线城市的小镇上，不管是教育还是工作都是比较落后的，之前是我婆婆跟我们去深圳，她带娃，我们上班，后来小孩要上学了，我就回老家了，在家门口找了个工作，工资只有三四千元。出了这事以后，我的收入是不够家庭开销的，光房贷就要四千元了，后来我兼职搞了副业，目前加上副业可以覆盖这些支出。但是副业不够稳定，好的时候一个月有一两万元，差的时候只有几千元，而且项目是阶段性的，不是积累性质的，哪天项目凉了就又“回到解放前”了，所以我内心依旧很焦虑。我想去大城市，大城市机会多，我可以努力奋斗赚钱，稳定收入来源，但是家里小孩还小，奶奶因为丧子身体垮得厉害，需要有人接手带孩子，幸亏还有个小姑子，会经常来帮忙。我自己也放心不下，老大的作业爷爷奶奶也帮不上忙。还有虽然大城市机会多，但是我的年龄和学历也摆在这儿了，机会虽然多，我有能力去抓住吗？我也不敢打包票，我该怎么做呢？

二是房子处理问题：我们有一套在县城的毛坯房，刚还贷 3 年，还有 17 年，每月要还四千元。当初买这个房子说是学区房，我们没经验，信了，现在政策改了，明年开始又要重新划片区，大概率不是学区房了。我们那房子是在一个新发展的郊区，道路规划算四通八达，商场今年刚开业，旁边有公园，据说动车站也在规划中了，虽然现在人烟稀少，发展前景十年后还是看好的。但是房贷是我现在最大的支出，并且，因为他网赌贷款，房子是他名下唯一的财产，如果银行起诉，会被冻结。现在过去一年多了，目前还处在电话催收阶段，银行没找上来，最多的一家银行负债20万元。如果我继承，我也要继承他的债务，现在这房子就像鸡肋一样放在那边，房贷又不能不还。这房子该怎么处理，我没有头绪。

在我最艰难的时候，我做了两件事，一件是看书，一件就是搞副业，这两件事让我没有完全悲观地陷在悲痛中。经历了生活的教训我才明白，任何时候，女性一定要自立自强，我目前只想好好赚钱，但这两个问题很困扰我，希望连岳老师能指导一二，帮我打开心结，感谢！

D

D：

一直到你第二个孩子小学毕业前，这段时间指导你一切行动的原则是六个字：先生存，再发展。先求有，再求好；先活着，再活好。顺序不能搞反，越过生存求发展，那两个目标都实现不了。

围绕这个原则，来理一下你的两个问题。

第一，目前最重要的是一家人互相支持渡过难关，你和孩子需要公婆与小姑，他们（尤其是公婆）也需要孩子和你。此时不宜分开，分开对谁都不好。你现在工资加副业的收入，平均到每个月，不低于一线城市平均收入，甚至还高一些。若再加上你在家门口工作，通勤的时间与费用近乎为零，还可照顾孩子，这些便利折算成钱，价值也不低。所以，你现在的实际收入是高的。你去了一线城市，即使顺利找到一份平均收入的工作，实际收入反而降低了，得不偿失。

或许你会害怕副业消失，收入下降。但人在成长过程中，工作方向的改变，收入来源的增加，总是从被动或主动地做成某件意外之事开始的，这就像物种的进化一样，之后，副业越做越久，甚至成了主业。你这个副业做完还会有下一个副业，甚至也会变成你收入更高的主业，先把它做好，未来的事未来再说，今天做好了，未来好的可能更大。不要害怕，人要发展，这就是常态，做成任何一件事，能力都攒在自己身上。连叔这几十年就是这么过来的，我现在从来不怕未来的不确定。

至于你孩子的教育，我就更不担心了，因为他们拥有世界上最好的老师，那就是你。遭受如此重大的背叛、打击与苦难，你都能迅速调整，扛起整个家庭的责任，孩子在你身边，天长日久浸润，他们将来坚韧、诚信、勤奋，那无论有没有读好大学、有没有读大学，都已经完成了最好的教育。知识与文凭是教育之花，人品与韧性是教育之根。有花没根很快会枯萎，读了最好的大学，一遇小挫折就玻璃心碎，这样的教育也是失败的。有了根，就是一棵不起眼的草，也不怕大野火，春风吹又生，这才是成功的教育。

第二，赌债法律上不是夫妻共同债务，你没有偿还的义务。你不要害怕赌债类的催收，他们也知道这点，不敢造次。

县城的房子，若觉得不满意，我建议卖掉，一是减轻经济负担，二是几年后可以选择更好的。这房子现在公婆拥有一部分产权，卖之前应取得他们的同意。

你的人生已过最低点，以后都是往上走的，加油啊。只是要格外注意两点：照顾好身体，保持健康；乡镇往往是传销、各类网络诈骗的高发地，越是缺钱，越要对各类快钱保持高度警惕，你在这点上犯不起任何错误。

拥抱你。

连岳

我们都要好好努力，万事顺遂

2021－05－10

连叔：

我突然觉得活着好累啊，第一次觉得这么累，我丧失了活下去的信念。因父母很早就相继离世，心疼妹妹年纪小，以前没想过死，因为我有妹妹要养，我得努力活下去。她今年21岁了，两年以后大学毕业，她也要开始工作了。想想时间过得真快呀，好像一眨眼，她就长大了。感谢父母给了我一个妹妹，让我在人生艰难时也有勇气继续走下去。她长大了，我也算对父母有了交代，她结婚的钱也攒够了，不至于让男方家里看不起。今年再攒一攒，给她在老家买套小点的房子，万一，我是说万一，如果她婚后过得不幸福也有退路，如果婚姻美满幸福是最好了。她性格开朗乐观，人长得很漂亮，比我聪明，性格也好，我相信她一定可以过得很幸福。

妈妈以前生气的时候总跟爸爸说："我真得活够了，等两个女儿长大了，我就安安静静地死。"没想到竟会应验到我身上，也许不久的将来，我某天就会安安静静地躺在父母坟前离开。只是现在我还不能死，买房的钱还差一点儿，我真的很想很想撒手不管，什么都不管，我不想要继续下去了，我真的累了。我没什么大本事，真的感谢我的雇主没嫌弃我学历低给了我工作，感激工作中所有给予过我帮助的人。我没有朋友，好在这些年把钱都攒下来了，妹妹也平平安安、健健康康地长大了。如果哪一天我完成任务真的走了，这就当作我的遗书吧。不想单独写给妹妹，对她太残忍。希望她这一生都可以健康平安，爱情圆满，不用为钱发愁，不要像我那样这一辈子都对物质匮乏感到深深的恐惧。我不是科学家，也没对世界有什么贡献，这副身躯可以捐，我已经咨询好了器官捐献的事，希望我还能有点用吧。

祝连叔身体康健，万事顺遂。

夏天

夏天：

不是科学家，不是大人物，也可以对世界有贡献。在我看来，你对世界就有贡献。把妹妹养得这么好，怎么不是贡献？人活着，往往不是靠远在天边的大人物的滋养，而是靠像你一样的身边好人的激励。评价一个人的最重要的标准，就是看他是否对家人负责，是否对家人温柔。这条做好了，就是有大本事的人。这样的人，不仅经营好了自己的家庭，还影响着所有接触过他的人。中国的传统价值把“齐家”放在人成长的一个关键位置，是有道理的，齐家做得好，说是之前的修身做得好，之后甚至可治国。

你和妹妹两个人组成的家庭，要经营好难度很大，目前为止，却没有难倒你们，你这个家长当得漂亮。妹妹将来的幸福，她的开朗乐观，她的良好教育，她的聪明漂亮，固然是重要因素，但更重要的是你这个姐姐的保护与指引。娘家是这样的姐姐坐镇，天下没有任何婆家敢小瞧她，也只有好人家才配得上你们，这点可以极其自信，不好的人家我们不要。

这就是说，你对妹妹的责任，并不是在她大学毕业，给她在老家买了房子后就完成了。在那个时候你自杀了，那就像你请她吃饭，她刚坐上桌子，看得欢喜，你说，我烹饪的任务已经完成，一把掀了桌子，那对她是更大的折磨与摧毁。你死在父母的坟前，或死在任何地方，谁料理你的后事？不就是那个痛苦万分、茫然失措的妹妹吗？从此后，她或许就开心不起来了，甚至会模仿你的行为。

妹妹大学毕业时，你们刚开始享受人生的大餐，你最辛苦的阶段结束，可以进入一个比较放松的阶段，摘下围裙，坐下来和妹妹边吃边聊。你是已经在社会竞争中立足的人，其他人不是无缘无故对你好的，是你的责任感很有价值，这比文凭重要多了，有文凭没有责任感的人，一文不值。你按现在的路径走下去，物质不会匮乏，富足也在前面。你成为幸福的姐姐，这更是责任，作为妹妹一生的保护神，这才能给她无尽的依靠与能量。这样的你们，才能成为自己孩子的幸福源泉。

你也要对连叔负责啊。通过这次邮件，我们的人生就有了联系，命运开始交错，任何一个人好，另外一个人都会更好，我们都要好好努力，万事顺遂。

祝开心。

连岳

普通人的幸福生活之心

2021－05－12

连岳老师：

您好。

最近一个亲戚家的孩子考上广州天河区的教师编制了，在毕业前拿到了铁饭碗。我很开心，也很羡慕。

然后我又觉得自己很差劲，考研考公全都失败了。因家境一般，要养活自己，就去工作了，在普通公司的普通岗位。

毕业10年，现在我的大学室友凭一己之力拉全家脱贫，前几年还在深圳买了两套房子。而我和我老公智商、情商、能力、运气都很一般，靠着省吃俭用，才在小县城买了两套房子。和我同学比起来真是人与狗的差距。

我发现我家小孩真不愧是我亲生的，和我一样普通，不像其他家长晒的娃那样有某一方面的天赋特长。

连岳老师，您的读者群里面有资产过亿的创一代，有坐拥百十套房子的拆二代，有埋头拉车的励志楷模，还有我这样资质平庸的底层劳动者，我真是惭愧。

祝您和您的团队工作顺利，健康幸福。

一棵不怎么样的柚子树

一棵不怎么样的柚子树：

很多人瞧不上“普通公司的普通岗位”，这是职业规划中最误人的。年轻人开始找第一份工作，如果带着我非要到“不普通”的公司，坐个“不普通”的岗位的想法，那就意味着失业。

绝大多数公司是普通公司，这个社会是靠它们支撑起来的。而绝大多数岗位是普通岗位，公司的特殊岗位只有一个，就是老板。很多人要找一个“不可替代”的工作，这也是错的，什么人都是可以被替代的，老板做不好，市场也会把他淘汰掉。

一个人在一个普通岗位上，工作内容甚至只是端茶递水，跑腿打杂，你以为就没学问了？学问大得很。这些看起来人人会做的工作，做得好，做得稳，才难替代。从管理者的角度看，最不喜欢的员工就是那些本职工作永远粗糙，却老认为自己能做大事的人，他们的职位才是最不安全的。

能用一份普通工作养家，这是值得自豪的成就。瞧不上普通工作，一般就连带着瞧不上普通人。这种分别心、攀比心一起，再无安宁。见比自己好的人，羡慕是轻的，再重一点，就是嫉妒、仇恨；见比自己差的人，滥施同情是轻的，再重一点，就是傲慢、自大。往哪个方向摇摆，你都错了。你也不会对自己好，因为你嫌自己普通，你也看不惯普通的家人，总以为他们应该更有出息。

心错了，生活就会错。你有一亿元，反应是一样的，与身家十亿的人比，是嫉妒仇恨，与身家千万的人比，是傲慢自大。你考上了铁饭碗，与升迁快、受重用的人比，是嫉妒仇恨，与考不上的人比，是傲慢自大。

普通人的幸福生活，最重要的是把心放好了。再普通的人，对你的伴侣、你的父母、你的孩子来说，都是独一无二的，对他们负责，让他们看见你就笑，想到你就觉得踏实，这就是幸福，这才是不可替代的。这点你怎么会做不到？可能你做到了，却不知道它的美。

心好，尽力，这样的人生是幸福的。大富大贵，除了个人努力，还要看天意；没有，你也是幸福的。

祝开心。

连岳

做成一件事，首要是能戒

2021-05-18

连叔：

您好！

今年是我第四个本命年，希望在这个本命年里改掉几个坏习惯。

我有很多坏习惯，就不一一列举了，重点想在今年改掉两个坏习惯：第一，无节制地打游戏；第二，无节制地抽烟。

我接触游戏是从对着黑白电视机用小霸王游戏机开始的，那时就觉得游戏闯关很有趣，渐渐地就迷上了，然后是街机，后来网吧出现，开始玩传奇网游、大话西游……最后到随时随地可以玩的手游。玩游戏已成了一种习惯，只要有时间就会拿起手机玩会儿游戏，就如同喜欢看书的人，只要有时间就会看一会儿书一样。虽然在虚拟的游戏世界里能找到快感，但是只要走出游戏，回到现实世界里，我就感觉自己是一个一无是处的人，或者说我就是一个一无是处的人。

以前这种感觉就像薄薄的云烟，似有似无，但是随着年龄的增长以及看到亲友们的改变，这种感觉就越来越强烈，内心试着想改变这一坏习惯，却一次次被自己的行为给打败。

大二的时候跟着狐朋狗友学会了“小回笼”和“大回笼”，然后抽烟就没间断过，进入社会后也一直抽，后来在烟瘾比我还大的领导的影响下，我的烟瘾又进一步加重，发展到如今一天一包烟的地步，如果需要交际一天要抽两包烟。最近入睡时隐约感觉到咳嗽，咽喉有时也发出沙哑声，这意味着我的肺已经出现问题，得肺癌是早晚的事。

我就是一个十恶不赦的人，身上充满着罪孽，对家庭不负责，对公司不负责。我们一家五口人生活在一起，父亲60多岁还在超市上班，母亲负责家务，接送孙子上学，有时候我还嫌父母唠叨。我们房贷已经还清，有一辆代步车，由于当时按揭买房没考虑老人，所以目前的房子不够住，想换个三室的，但是三室的房子现在购买需要准备250多万，这几年的积蓄离这个数字还差得非常多，又想着在外地买个便宜点的，就当投资先供着，等将来孩子大了，留给孩子，可能这辈子就这样度过吧。公司规模不大，每月领点薪水，过普通老百姓日子还可以，空闲时间我又会拿起手机玩游戏。但是每次和老婆开车出去，看见身边同学都混得有模有样，心里难免会有罪恶感，身为丈夫、父亲、儿子多重角色的我，没有一点深入角色的劲头，就像一个巨婴。作为丈夫的我，从没给爱人买过一件像样的礼物；作为父亲的我，从没用心带孩子痛快玩过，每次都敷衍；父母亲年事已高，作为儿子的我，从没考虑他们生病或者百年以后该怎样安排。古人云：树欲静而风不止，子欲养而亲不待。有时想想真是满满的愧疚，但是愧疚之后又恢复到潇洒中。

游戏伴我二十载，香烟伴我十五年，人生最美好的时间都留给了游戏和香烟，或者说是人生最美好的时间都被游戏和香烟糟蹋，但又深爱这种感觉。最近我又拿起四书五经，重新翻阅，希望借助这些洗涤我污浊的心灵。人生在世数十载，剩下的几十年我不想再虚度，希望能活出个人样来。

连叔，我现在要怎样修正人生才能使我这一生不再被游戏和香烟所遮蔽呢？

罪人一个

罪人一个：

36岁还年轻，你有房有车，生活经营得不错，至少是及格的，对自己的评价也不必过低。

我知道这种低评价的来源。由于昨天决定回你这封信，潜意识一直在开动，导致昨晚梦见自己在买烟，边买边疑惑：我什么时候破的戒？一瞬间，也是充满了懊悔、痛苦、怀疑与自我攻击。我也有过10年烟龄，从17岁到27岁，知道戒烟很难。想戒而戒不成时，自我评价就处于低位。烟就是这么邪的一个东西，它是一切不良成瘾物的最高级代表，给你带来一连串的损害，除了身体发臭、牙齿变黑、癌症高发这些生理损害，还有自我否定、自我攻击、自我放弃的负面心理。为了得到这些身心损害，你还得花钱买烟，很难不让人觉得自己犯贱。

但一个人真想戒烟时，反而不难，放下再也不碰就是了，突然间干干净净地切割，不要什么过渡，仿佛顿悟成佛。我就是这么做的。你现在也到了这个临界点，放下即可。戒烟成功，释放出惊人的心理能量，原来压抑得多低，现在就能弹跳得多高。以后人生碰到困难，需要改变，只要想到自己戒过烟，你都不会认为是个什么事，马上做就是了。人要做成一件事，第一步往往是戒，戒贪，戒懒，戒骄，戒痴，戒怒，戒怕。烟都能戒，这些都能戒。

当我们知道一个道理时，第一反应是自己知道得迟了。这是错的。第一反应应是喜悦。朝闻道，夕死可矣。求学是一生的事，人生最后一天都有道理可知，那才是幸福的。每个人，每个时代的人，都有其独特的求学路径，达到自己的“闻道”时刻。人生总要战斗的，只是形式不同。这个时代，不要你打仗，不要你救国，不要你忍饥挨饿，但可能通过游戏瘾与烟瘾给你制造痛苦，提醒你的责任所在。你能赢的。

祝开心。

连岳

幸福是心学

2021－05－27

尊敬的连叔：

您好！

展信佳，祝您和连太以及所有的读者朋友身体健康、事事如意！

给您写信是有事相求，求您指点：我该如何修自己的心？

我是80后，在旁人眼里我很幸福：在深圳有房有车，儿女双全，先生对我很好，孩子可爱……我却经常不开心，想要离开这个家，奔四的年龄，心智还很不成熟。

我上学时成绩比较好，因为觉得父母赚钱辛苦，想早一点出来工作，所以选择了读中专。毕业后在熟人介绍下做过车间流水线工人、文员、采购，感谢老板娘赏识手把手教我，我在离职时的职位是经理助理兼外贸跟单部组长。离职的原因是26岁时相亲认识了一位男士，他在深圳我在东莞，结婚后我到了他所在的城市。现在回想起来，可能也因为自己的工作压力大，为逃离工作找了一个借口。

到深圳后，因为和之前职位有比较，所以找工作一直不太顺利，前后找的几份工作干的时间都不太长。接着怀孕生子，一胎、二胎，我成了带两个孩子的全职妈妈（孩子爸爸下班也会帮忙，但孩子和他不太亲近）。虽然这是我的自愿选择，但总有不甘，产后抑郁让我一度对生活绝望，经常会抓狂和不想活了（没有到医院确诊和治疗），有时候站在窗边很想跳下去，但终究缺乏勇气：我走了，我的父母和孩子怎么办？

随着孩子渐渐长大上学，我参加了自考（今年可以取得本科毕业证），找了一份兼职的工作，也经常参加孩子学校的义工活动和社区的活动，但我内心还是很空虚，自考本科文凭没有太多用处，在工作中时常感觉自卑，和社会脱节。另外我个人喜欢安静和干净的环境，注重细节，这对先生和孩子来说要求有些高，所以生气时我会说出要一个人搬出去住这类的气话；他们对我做的饭菜挑三拣四或掉落饭菜时我就不想做饭给他们吃……我都不知道自己这是怎么了，缺乏耐心和爱心。

我一方面害怕我这样的性格对孩子造成影响，另一方面也觉得自己苦。我现在开始尝试吃素和学习佛学，可能时间不长、悟性不够，所以帮助不大，仔细想想也不知道自己究竟要什么，请连叔骂醒我，万分感谢。

雨苗

雨苗：

在你心中，有几个更好的人生：没读中专的话，读了大学，现在可能是学者、教授、专家。没有离开公司的话，现在可能身处高职，拿高薪，甚至成了企业家。不是生孩子、照顾家庭的话，一定能在深圳找到合适的工作。

你好强、聪明，确实能够实现这些“可能”的人生，这就让你心里不甘愿。不甘愿，则生出委屈、不快乐、一切颠倒痛苦。有许多人具备幸福的条件，可他们就是不幸福，源头就在于有一颗不甘愿的心。幸福是心学，心不甘愿，世界给他再多，也不会幸福；心甘愿，得到少也会幸福，一箪食，一瓢饮，在陋巷，颜回也快乐。

有些人因为奸诈、懒惰、虚荣、不负责任，人生越活越凄凉，他们应该后悔自己当初的选择。可你不是，你的每一步选择都是因为爱。因为爱父母，选择早一点工作；因为爱男友，选择到深圳；因为爱家庭，选择生孩子、照顾他们。被爱引导的路，就是最适合你的路。这就是佛说的，每个人都有自己的成佛之路。你学习佛学，这不错，佛学是最好的心理学，也要求人甘愿走正道，要舍身求法，甚至得为众生入地狱。佛学学通了，人是宽容的，平等的，不会用吃素、念佛等形式贬低别人，抬高自己。《心经》说得了大智慧的人，心无挂碍。无挂碍故，无有恐怖。你的心不再挂碍那些“可能”的另外的人生，不再挂碍“没用的”自考本科，不再挂碍一定要在家庭之外证明自己，你就会发现，没了自卑，没了不甘愿，当下的环境，就是自己悟道的环境。

没多少女性愿意当全职家庭主妇，但许多最后却得当。这种不甘愿的情绪很容易被挑拨、被放大、被恶化，一些判断力低的人就走向仇恨异性、仇恨爱情、仇恨家庭、仇恨孩子，甚至见了别人幸福就两眼冒火，非说点仇恨语言不可。不幸成为这样的人，那是徒有人形，精神已堕为畜生和饿鬼。

一个人为了爱成为全职家庭主妇（或主夫），不可怜，不可怕，只不过家庭是你的道场。你有最好的受众——你的孩子，他们天生爱你，信任你，根本不在乎你的文凭。你让他们成为幸福的人、高尚的人、造福世界的人，这怎么只是做点家务呢？这是佛在说法，佛在做功。佛有万千形象，在你家就有三种，一是认真工作的老公，一是努力成长的孩子，一是家庭主妇的你。

祝开心。

连岳

人像花一样，有不同的香味

2021－06－29

连叔：

您好！

您的文章我基本篇篇不落，很喜欢您的睿智。想给您写信很久了，终于在今天上班的地铁上落实了。

我来自二线城市，是一个项目经理，毕业十年，跟老公从一无所有到三年前咬牙一起供了人生第一套房。虽然小了点，但是起码目前一家衣食无忧了。工作上成就感满满。

我有个弟弟，比我小三岁。小学三年级开始我们变成了留守儿童，在老家由爷爷奶奶带。五年级的时候，爸妈把弟弟接到隔壁县城读书，当时告诉我，马上小升初了，换环境会影响我。我呢，就留在老家上完初中和高中（寄宿在学校），寒暑假才到爸妈打工的地方和他们团聚。后来顺利考上了大学，是个普通的二本学校。现在还记得爸爸当时回村里跟别人说的话：从小就把她一个人丢在老家，能取得这样的成绩我们已经非常满足了。爸爸说的话，是发自内心的，每每想起来心里还是会酸酸的，有点内疚。我从骨子里知道爸爸妈妈是爱我的，不管是生活费还是其他物质上的要求，他们二话不说都会满足。

可能是从小没在爸爸妈妈身边长大，我很自卑，很在意别人的想法。只要别人说好的，我都不会反对，也不懂得拒绝别人。爸妈的看法对我来说很重要。长大后，虽然有自己的想法，但还是很难自己作决定。也许是原生家庭带来的影响，从小我就习惯跟别人保持一定的距离，因为怕太亲近自己会受伤。跟同事之间相处得十分愉快，但是真正成为朋友的寥寥无几。

生活富足了，跟爸妈之间的话题却越来越少，看到婆婆跟大姑子每次视频聊天都能聊好久，心里真羡慕。而我每次跟爸爸妈妈视频聊天基本不超过十分钟，都是没话找话聊。

有时跟妈妈聊到家里有啥东西坏了，我就会下单重新给妈妈补上。妈妈不经意间聊到啥东西比较好用，我也会立马去给她添置。妈妈是个经济独立的女性，我给她买完东西她都会想给我钱，最后都以我非常生气，妈妈只好作罢不再提钱的事收尾。我经常想，人的一生就短短 3 万多天，想尽自己所能让爸爸妈妈幸福，但除了物质上的，精神上真不知道从哪里入手。看了很多关于原生家庭影响的信息资料，希望自己能调整过来，但收效甚微。

我还有个可爱的儿子，从他出生到 4 岁前，我都尽自己的最大努力给予他陪伴，但是最近一年因为工作处于上升期，忙了很多，每天也就只有晚上能抽出一两个小时陪小朋友读会儿绘本聊聊天，陪他的时间比之前少了很多。

最近每天都在想这些生活上细细碎碎的事情，很焦虑。希望连岳老师有机会看到，谢谢。

漂亮的蓬蒿菜

漂亮的蓬蒿菜：

人像花一样，有不同的香味，有的热烈，有的淡雅。都没有错，热烈的爱自己的热烈，淡雅的爱自己的淡雅，就是和而不同的美好花园。热烈的觉得自己才对，或者觉得自己不对，要么想纠正淡雅，要么想变成淡雅，那一定焦虑起来。反之亦然。

焦虑往往不是起源于缺什么，做错了什么，而是不知道拥有什么，又做对了什么。

你是淡雅的，这气质反而是中国人追求的。君子之交淡如水，水是最淡之物，一点味道也没有。水不会让人上瘾，但人离不开水。水比酒重要得多，但水要冒充酒，怎能不令人焦虑？

你的淡雅，很可能遗传自妈妈，你看，她的边界感这么强，连孩子的“便宜”也不愿意占。她没什么错的，估计不少人还会羡慕你有这样的妈妈。你和妈妈的情感交流，要顺着她的个性，强迫妈妈改变成自己喜欢的妈妈类型，那是孩子的自我中心主义发作，是不敬，那样只会让妈妈不适、焦虑、害怕，就像你逼水变成酒。你能敏感捕捉到妈妈的需求与喜好，给她买东西，她要给钱，你就收下，顺着她。这不是买卖，这是你们特有的情感交流。况且，你的关心，你的爱，妈妈并没有折算成钱，她只是付了物的钱，她接受了你的关心和爱，又享受到经济独立的乐趣，你一举两得，何乐而不为？

给爸妈送礼表达感情是很容易的，再不想麻烦孩子的父母，在一些特殊的日子都得收礼，比如他们的结婚纪念日、生日、逢年过节。你可以在这上面多花心思。

你，你的孩子，你的妈妈，你的家庭，你的工作，都没有问题，你处于幸福的状态，你的幸福有自己独有的香味。

祝开心。

连岳

珍惜平淡生活，化解人生危机

2021－07－30

连叔好：

多次看您的文章，觉得您是一个理性的人、一个有智慧的人，每每看也受益很多。

我今年40岁了，在湖南一个小县城，从学校毕业（中专）就一直在县城的一家药厂上班，近17年了，目前是中层管理人员。因为在这里上班，就在这边成了家，老婆是本地的，原来和我在一个厂里上班，前几年考到县里一个事业单位上班。

这几年，公司的事情越来越多，上班感觉压力也很大（药厂三班倒，每天都是神经紧绷的）。关键是天天干同样的事也感觉很疲惫，因为学历原因（成人高考本科），还有年纪因素，向上晋升的空间也很小了，不甘心就这样，想去浙江一带发展，理想是在浙江定居。

我有一个同学，在浙江杭州桐庐县开一个医药批发公司，另外开了一家中药饮片加工厂，今年正在建设一个新厂。平时聊天也开玩笑说干脆去他那边干算了，他也希望我过去帮忙，但又怕我不能顾及家里，所以也没有明说。我目前在公司一年收入约 18 万元。在本地市里有一套房，县里有两套房（其中一套旧房子约 70 平方米，用于出租，一年租金收入约 1.2 万元，一套自住）。现还有 7 万元左右的房贷。

去浙江那边目前拿不了现在的待遇，收入少 5 万元左右。我考虑的是以后在那边定居，还有就是去那边机会会多一点。不像现在，天天厂里、家里、老婆，这边的亲戚也少。人在工厂里待久了，消息闭塞，感觉自己都笨笨的了。我把想法告诉我老婆，可是她和她家人都不太同意。她们一家人是那种只想平平淡淡生活的人，只要日子过得去就行了（我老婆一个月 3 000 元左右），可我不一样，现在家里没有另外的积蓄，我感觉很没有安全感。

连叔，您说我是继续在这里上班，就这样直到退休，还是去看看那边呢？

人在作抉择的时候发难，特别是家里人不支持的时候，感觉很孤单。

一个还想奋斗的中年人

一个还想奋斗的中年人：

40 岁跳槽，干同样的工作，得到的是两地分居，照顾不了家庭，收入减少近30%。作这种决定，孤单是应该的，家人支持你，那才是一家人一起发疯，你这纯粹是为跳槽而跳槽的形式主义。

你至今的人生是成功的，有家庭，有房子，有份收入不错的稳定工作，40岁能达到这高度并不容易。要学会欣赏自己。会欣赏自己，才会珍惜所得。这样一直“平平淡淡”到退休，那不是你的人生遗憾，那是你的人生成就。

人生哪有一直往上走的？没有。20岁往前冲，不知道这道理没关系。40岁时必须知道，到了某个位置，大概就停在那里了。有人是职员，有人是中层管理者，有人是总经理；有人是普通公务员，有人是处长，有人是更大的官。每个人的位置，是能力与命运等因素综合起作用的结果。社会是金字塔结构，越往上，位置越少。

人不破除往上的执念，那生活给他再多，他都必然焦虑、痛苦。这也是人生危机的一大成因。到了不再往上时，一切该有的也都有了，每天上班下班，老婆孩子，他觉得太平淡，要搞点刺激的。人品低劣的，赌博，酗酒，找小三；人品正常的，跳槽，创业，干大事。刺激倒都刺激，从此也不再平淡，但人生的不幸也就开始了。

人想要内心真正快乐，一定不是靠外在。基本的外在要有，有工作，有收入，有家庭。这些人人可以有，有了以后，快乐就要靠内在，你想得通平平淡淡是快乐，你的人生就不会出错，否则，一定会把自己的人生搞垮。孔夫子当过大法官，颜回是他的穷学生，两人的人生位置不同，但都认为真正的人生是能在粗茶淡饭中找到乐趣。这粗茶淡饭不是指刻意去受穷，富裕总是好事，现在应该理解为在平淡的生活中内心安定。一个 40 岁的人内心如何才能安定？做好你最重要的事。你是一家之主，为人子，为人夫，为人父，那些你生命中最重要的人，爱他们，陪他们，一起待的平淡时光越多，产生的幸福就越多，这才是大事业。珍惜这平淡时光，享受这平淡时光，这时光再多也不嫌多。

祝开心。

连岳

全职太太如何去焦虑？

2021－08－09

连叔：

展信佳。

多年来一直阅读您的文字，您的好观念指导我在人生中作出一连串正确决策，我现在的生活过得挺好，请首先接受我衷心的感谢。

然而我在成为全职太太的这六年里，内心的波动非常大。

我和先生均毕业于顶流大学，从大学相恋到结婚，一直感情和谐，三观契合，育有一女。

先生毕业后因为勤奋、能力和好运气，这几年在公司一路攀升，目前已成为技术核心。因得到公司重用，培训资源大力倾斜，每隔几年我们都需要迁居到不同的城市，负责创新和开发，年薪酬税后七位数。

我毕业后也就职于一家跨国公司，通过努力慢慢成为营业经理，职场上的摸爬滚打也让我积累了一定的社会经验，每天非常疲劳，但感到生命很充实。

因配合先生的事业发展，我辞去了工作，跟随他踏足每一个城市，我的适应能力不错，无论去哪里，只要一家人在一起，我都觉得没问题。

我辞职后，女儿顺利出生。由于双方老人年纪偏大，他们都在老家生活。我母亲只在我生产后陪我坐月子待了50来天，其他任何时候都是完全由我自己带孩子的。

先生常常出差，短则三四天，长则三四个月，先生出差的日子，家里只有我跟襁褓中的婴儿，起夜喂奶这些琐碎且疲惫的事情，即使先生在家里，也是我一个人全部承担，这些日子我也挺过来了。

当全职太太的这些年，做饭、打扫、照顾孩子全部由我处理。先生多次不忍心，提议请个保姆或者钟点工，但由于我们总是切换城市，加上对陌生人安全度、信用度各方面的考量，我一直都没有请帮工。

在家里的这些年，我除了照顾好先生和孩子，也尽量每天保持阅读，付费上课程，学习做丰富的菜式（我会做越南菜、泰国菜、日本菜还有西餐），经过系统的理财学习后，我调整了资产配置结构，把握住一些时机，家庭财产有了一定程度的增值，并有着健康的现金流。

除此之外，我慢慢地带着先生改掉喝酒的习惯（他必须每天喝酒才能入睡，因为工作压力太大），督促他健康饮食，目前他已经减重5公斤，身体各方面数据都恢复正常了。

先生有好几次在微醺中感情流露，说很幸运娶了我，他觉得自己能有一个这么温暖的家，很幸福，说着说着甚至流下眼泪。除了必要的应酬，先生下班会第一时间回家，也会主动做饭做家务，周末会主动带孩子，身体力行分担我的重任。

家公家婆对我也满意，每次家庭聚会，我都会逗得大家开怀大笑。现在的日子，无论从哪个角度来考量，都非常符合幸福之家的标准。

然而幸福的背后，是一个全职太太内心无数次的挣扎，很努力做好全职太太这份工作的我，常常在深夜陷入思考，我在怀疑自己的价值。

我们有一个校友群，不同届毕业的校友都聚在群里，毕业多年来，我看到校友们如何一步步发展自己的事业。

他们结合自己的专长，创办了公司，服装专业毕业的校友有了自己的品牌；医学专业毕业的校友发表了新的论文，拯救了很多生命；计算机专业的校友索性创办了互联网公司，他们为社会提供了一些就业机会，做得非常出色。

每当我看到他们聊天，我都能感受到他们又一次明显的成长和进步，从商业模式到人性洞察，我甚至觉得他们身上每一个细胞都在发光。

我不是羡慕校友们的房和车，打动我的是一股不断超越自我的干劲，曾几何时，职场上的我就是这样的人。而这几年来，我的劳动就是家务、孩子的屎尿屁，这个家就是我的全部。我似乎停滞了，人生变幻莫测，意外随时会有，万一失去顶梁柱，我拿什么本事立足社会呢？

我的母亲劝我要知足，她说我现在的生活是祖上积德修来的福气，多少女人睁开眼睛是不顾家的老公还有各种家庭负债，母亲认为我不应该跟别人比较，这是我苦恼的来源，还建议我退出校友群。

当然，全职太太的我也获得了家庭成员们的认可，但待在家里日复一日地做家务，即便我再进修，也明显感觉自己在慢慢地倒退……现在我在校友群已经无法插上话，身边的闺蜜好友安慰我“大家都羡慕你婚姻幸福呀”，然后第二句就又继续谈别的事情了。

现在去打工就业也不现实，因为家里依然需要我，没有长辈帮忙的家，我注定就是要日复一日地待在家里。我也相信社会上会有越来越多像我这样不麻烦长辈、需要一力支撑起家庭内务的女性。

夜深了，我的表达逻辑不够强，但我猜洞悉人心的连叔一定能明白我在说什么。

全职太太是一个特殊的群体，国家还开放三胎了，越来越多受过高等教育的女性都面临这样的内心苦困，希望连叔能抽一篇文章篇幅，谈谈您的看法。

期待您的回信。

小彩马

小彩马：

全职太太不容易，除了自己努力，还要夫妻和睦，家庭认可，内心才不会觉得“亏了”。而这些，你都做到了。

很多人认为既然有个全职太太，家庭一定经营得好，这是天大的误解。如果没有丈夫的配合，家庭反而会变糟，妻子没有安全感，丈夫又利用她脱离职场的弱势地位颐指气使，甚至拈花惹草，那就会摧毁这个女人，继而毁灭这个家庭。一个成功的全职太太后面一定有个负责任的丈夫。你是一个成功的全职太太，这要足够自豪，因为这也是对丈夫的肯定。如果丈夫做了该做的一切，你却永远在担心，他一回家就觉得欠你，这家对他来说就不是那么温暖和幸福了，这也在增加家庭的风险。

任何人生选择，都面临不确定性，它就是传统里说的“命”，也是现在说的“概率”，这点我们控制不了。控制不了的事就不应该去考虑，这才能心态平静，不怕起伏，宠辱不惊。你这个全职太太害怕“万一失去家里的顶梁柱”，职场女性也会害怕“万一失业怎么办”，她们“万一”失去丈夫的痛苦也不会更轻。“万一”不是全职太太的专属风险，家家都有这种“万一”，没必要放大自己家的“万一”，谁家放大谁家风险就真变大，变成“万二”“万三”“万十”。你的家庭财务健康，“万一”了，你有钱用；而且，“万一”了，你很快会变成顶梁柱，找到工作，人真到了“万一”，能够激发出惊人的潜能。

全职太太不要对自己有过高的要求，什么事都包办，什么菜系都会做，一些该外包的家政还是建议外包，能够信任家政人员是一种能力。有信任能力，不苛刻，运气再差，换那么三五个人，你总能找到合适的家政人员。把自己从琐事中解放出来，一是心情愉快，二是有利于你重返职场。别以为全职太太一当就是一辈子，孩子再大一点，工作与家庭的平衡点更好把握，重回职场顺理成章，把自己当成更迟进入社会的职场新人就是了，家庭都能管好，重新适应工作何难之有？

一个成功的全职太太，处于退可守、进可攻的好位置，未来没什么可担心的。

祝开心。

连岳

犯错不可怕，可怕的是犯错之后的错误应对

2021－08－18

连叔：

您好！

连叔，我好绝望啊，几年前由于我错误的选择，加上这几年被骗，眼高手低，我欠下了巨额债务，20万元左右，对于90后未婚的我来说已经是相当大的数额了。我没有及时止损，等我反应过来已经迟了，于是我换了工作，现在工资只有每月三千元，加上做一点兼职，一个月有五千元左右。但是在巨额债务面前实在是杯水车薪，到今天为止，我已经面临银行还款逾期，我不知道怎么办，甚至时间久了都细想不起来我是怎么欠下这么多钱的。其间也以贷养贷，也向亲朋好友借过钱，现在不知道怎么办了，甚至不知道自己之前一个月是怎么偿还下来的。

现在我谈了一个男友，是家里介绍的，我们今年才认识，目前谈了四个月，我常想我的债务要是被他知道了怎么

办，我没有做过违法乱纪的事情，就是自己好高骛远、眼高手低作了错误的决定，以及被骗过，就欠了钱。现在的我每天都很节约，能坐公交绝对不坐地铁，一块钱两块钱都想着能省就省，不买衣服首饰，除了一切必要生活开销能不花钱就不花钱，跟朋友出去逛街买奶茶我也可以说我不喝，平常也能宅就宅。我希望自己开源节流能还一点是一点。男友以为我是非常节俭、不乱花钱的人，我不敢告诉他我是因为没钱。我也想过我如果哪天来问连叔应不应该告诉我男友，您应该会说坦诚告知吧。其实我没有想要他来帮我还，只是每个月需要还钱的时候我都心情不好，以至于不能以平常心去面对他，他来关心我我也不知道怎么说，而且我的债务不是一时半会儿就可以还完的，如果我们结婚了，肯定会影响我们的生活，谁也没有义务来为我无条件填坑。这些我都知道，就是不知道应该用一种怎样的方式来对他说。我告诉了他，他要跟我分手也很正常，毕竟谁愿意要一个自带债务的女生呢？我没有什么技能，学历也不高，也没有美丽动人，也不能上得厅堂、下得厨房，人家要分手我也不怪他。

我有几次情绪比较极端，就是想离开这个世界，可是我看到连叔文中说有人欠钱花了很多年才解决，其间也结婚生子了，还有人经历着比欠钱还艰难的事，也努力生活着，就觉得自己应该更坚强些，但是这种短暂的治愈后还是无尽的难过！我试过向父母坦诚相告，希望能得到父母的帮助，可是父母说那就把房子卖了，先把他们的首付还了再说（2018

年在父母的帮助下买了一间单配房），说我这么大了还要找他们拿钱。我理解他们，同时我也很无力，我知道自己应该想尽一切合理合法的办法找钱，可是感觉好难。曾经想纵身一跃，连遗书都写好了，觉得生活太累太难了，我买的保险均过了两年，我走后除了还债务还能留几十万元给父母。这样的想法是不是很可笑？

平时我就在生活的艰难和找各种案例来鼓励自己中挣扎。

如果连叔不回复我，就当借您邮箱做一回树洞吧，明天早上起来我知道我还是会去上班的。

写得好乱。

NAN

NAN：

今天还会去上班就好。

你还是有机会重新开始的。你父母的建议是对的，卖掉房子，把 20 万元窟窿堵上。我能理解你非常舍不得卖房子，不过，房子的一大功能就是在危难关头变现救苦救难。宁愿死也不卖房子，那就本末倒置了。

你卖掉房子后的起点是什么？有工作，有男朋友，似乎也不比同龄人差多少吧？再保持这段时间被迫养成的好习惯，比如量入为出、节俭、不喝奶茶，好好奋斗，过几年，再把房子买回来就是了。从此以后你的人生就没有上当受骗与超前消费，只有踏实、务实与老实，那这20万元相当于买了一个好人生。这样的老婆，让老公的风险小。这样的妈妈，让孩子少踩很多坑。妈妈有个好人生，全家都有好人生。否则，你天天陷在搞钱的焦虑当中，还要想着怎么瞒男朋友，大脑处于一种不利于正常思维的状态，很容易作出错误的决定，再上一当，把债务变成40万元也有可能。

人难免犯错。犯错了改正就是了。犯错很容易，往往瞬间完成，改正错误却需要比较漫长的过程，比如你攒20万元就得好几年。可正因为这过程难，你才学得到教训，你才能长出本事。比犯错更大的错误是一犯错就寻死，这是一种狡诈的策略，说出来显得深刻沉痛，又可以挡住一切责任与批评，最好是家人一害怕就替我背锅，还我轻松的生活，还有我的奶茶。

寻死本质上是胁迫那些真正爱你的人，比骗子都可恶，骗子或许对家人不错呢。一个负责任的人，一个能把人生过好的人，任何时候都不会寻死。人不能只为自己活着，觉得辛苦，一死了之，把问题与尸体留给亲人朋友收拾。人生能不能做大事并不重要，让爱你的人活得更好却一定要做到，越是低谷，越是失意，越要记住这点。

祝开心。

连岳

独立女性应有的好焦虑

2021－08－31

亲爱的连叔：

您好。

我是1991年生的，属羊，家乡是北方一个不知名的小乡村，我是家里的老小，从小家里很穷，也欠了很多外债（被人骗），穷到我们上学需要借钱。爸爸长期在外打工不回家，但好在十几年来一家人都算积极向上，到现在过上了还说得过去的生活。我从小很胖，到大学时还是一百五六十斤（我是女生），但好在自己通过坚持不懈的努力，终于成为现在别人口中的瘦子。毕业后的两年，我在家乡附近的一个三线城市工作，后因一段不成熟感情的终结（也或许是内心深处想要去更远的地方），我只身一人去了武汉，应聘到了一家行业内不错的头部公司。在这家公司我工作了三年，因为工作性质和个人对未来的目标规划不够清晰，三年内我在南方三个不同的省份、不同的城市生活，和家的距离也由三百公里逐渐变为一千二百公里。因为遇到极其善于伪装自我、不停给下属画大饼的上级（也怪自己太傻），在去年8月份的时候，我再也坚持不下去，结束了自己一个人在异地奔波的生活，回到了自己家乡所在的省会城市工作。当时也是裸辞，大龄，未婚，也没有对象。说实话，过去这三年的奔波和抉择似乎耗尽了我所有的勇气与果断，写到这里，眼泪就忍不住流下来。一千多个日夜，七八次搬家，一个人上医院，一个人应酬完回家，一个人面对工作中所有的不如意……感谢这些经历让我成长，但同时也不得不承认，我的性格中多了很多阴郁。

回到家乡后，好在找工作还顺利，加之自己去年离职后努力考了本专业的证书，一个月可以稳定有一万三四千元的收入。加上以前的储蓄，可以在二线省会城市供个八九十平方米的房子。原以为，我会就此慢慢让自己的生活进入正轨，可是最近我发现，我的心病了。从正式上班到现在四五个月，每天的生活，除了工作，就是一个人回家，生活像一潭死水。偶尔和身边的朋友或者同事交流，发现似乎每个人都比我生活得热情洋溢，而我活脱脱像一个即将寿终正寝的老年人一样，规律的饮食，规律的作息，规律的运动……外表给人爽朗大方干练漂亮的感觉（日常别人的评价），但我自己知道，我没有激情，也不相信自己的能力可以真正配得上自己的收入，也没有自信，也没有甜蜜的爱情。偶尔在楼下散步，看到别人有老公，或者有小孩、有家人在身旁，心里就有无限的酸楚和羡慕（大多数的时候也会给自己打气）。虽然有可以双休的周末，但来自年龄的压力和对自己能力不信任的压力，让每一个周末都变得无比苍白。除了偶尔跟同学吃饭，大多数时候都是一个人，感到心慌和焦虑，没有办法让自己安静下来，真正去思考或者做些有意义的事情，玩的时候内心就会责怪自己，觉得自己是废物，什么都做不好。好多个时刻，我觉得自己在这个世界上都快不存在了。虽然我有爱我的爸妈，有相对和谐的家庭关系，但是我已经很难再感受到来自他们的温暖了。作为一个马上要31岁的女人，关于未来，关于自己的生活，我觉得自己做了很多努力，我努力让自己变漂亮，努力让自己变得落落大方，努力让自己不再自卑怯懦，努力让自己自立自强，可是我发现，我努力做到这些的时候，我仍然是一个人，仍然没有遇到可以携手共进的另一半，仍然没有从内心深处认可自己。

最近来自工作、年龄的压力，让我变得愈加暴躁，也多了很多戾气，我羡慕那些有人疼有人爱的女生，可以变得温柔变得柔软，而我，变得越来越坚硬。亲爱的连叔，未来真的会变好吗，我会幸福吗？面对当下所有的困惑与痛苦，我应该怎么办呢？

迷途的羔羊

迷途的羔羊：

你是个成功人士，有房、有闲、有工作。贫困家庭的姑娘，在

31 岁达到这个高度，不多的。要学会欣赏自己的成就，这不是自大，这是对生活的感恩，适度的知足才能够快乐。否则，你就会对自己无比苛刻挑剔，就像你现在一样，连“规律的饮食，规律的作息，规律的运动”都嫌弃成“像一个即将寿终正寝的老年人一样”。一个老年人能做到这三点，恰恰证明他离寿终正寝还远。其实很多老年人是做不到这三点的，能做到的，反而是年轻时就有这种自律能力的人。

我也有“规律的饮食，规律的作息，规律的运动”，我达到这境界比你迟得多，无比珍惜，所以可有可无的交际与宴乐都推辞掉。人生的丰富和深度，来自善于独处，而不是来自热闹。热闹几次，你发现人们说来说去就那么几件琐事，酒喝多了，连这几件琐事都变成模糊的大舌头，这种热闹，才是无底的寂寞。

我的意思不是你要隐居起来，不与人来往。而是说“规律的饮食，规律的作息，规律的运动”是你的技能与成就，它不影响你的工作与生活，它有利于你的工作与生活。它令你更丰富，因此你在工作上就更有价值；它让你更自律，你有更多的时间用于有价值的人与事。也就是说，它是有利于你的恋爱与家庭的。

你现在的焦虑源于你对恋爱与婚姻的渴望，这个焦虑是好焦虑。一个成功的独立女性，往往在这点上焦虑得不够，容易错过恋爱与婚姻。她们一是自己有钱有房有事业，没有匮乏感，不需要与人在经济上的合作；二是眼界高了，对男性的要求往往太高，非要科科 100 分，不愿意放弃任何一个非关键因素，选择面变得非常窄。

好婚姻不难得到，只要一个男人尊重女性、有信用、负责任、独立、身体健康，他就是好人选，其他条件都是次要的。这样的男人，到处都有，只是需要你的眼光平视一点、宽容一点，去发现他们、认识他们、欣赏他们。

祝开心。

连岳

不苛刻自己也是责任

2021-09-14

尊敬的连叔：

您好！给您来信是想咨询如何对自己慷慨，这个问题一直让我纠结。

我来自贫困山区，2007年到一线城市上大学，大学时遇到我后来的妻子，然后留在城市安家立业。您的观点之一是要在城市买房，给家人安全感，我在这块算做得不错，房子条件可以响应国家三孩政策。这十年家庭目标就是买房子，无双方父母帮助，其过程充满艰辛、思虑、舍弃、忍耐、决策。我是赚钱主要方，但妻子在策略和配合上给予充分支持。目前经济层面无压力，房贷仅占收入的1/5左右。

我是个80后，但这一周您发的《小学生的大胜利》一文，让我看到自己也和文章里的那个小朋友一样，消费层面上的纠结与斗争在我生活中一直延续着。小朋友的来信让我回想起幼年生活在贫穷山村的点点滴滴，如因拖欠学费感到羞耻（需要等每年卖了猪仔或粮食才有钱），为躲避25块期末考试费缺考，为缺100块住宿费哭泣，为省钱冬天给饭盒包四五个塑料袋期望不要流失热量，为省钱一直让妈妈剪头发，为省钱我初三之前基本都是穿别人穿过的衣服，很多是大人的，等等。一些事现在想起来觉得很温馨但以前会觉得很悲伤。我不曾怪过父母，他们做到了最好，家里两个大学生是他们站在泥地里托举起来的。

然而这带来一个问题，我对生活中很多事都会衡量其性价比，判断需不需要，对消费有超出正常人的控制力。去外面吃饭的时候，端上的菜我可以计算出菜本身的价格（扣除人工和租金）；为了省钱我练就了超级做饭能力，可以轻松搞定十个人聚餐的菜；周围的同事穿耐克、阿迪达斯，用苹果，我用淘宝、拼多多、小米；现在有能力买进口车，但更想买国产车，多余的钱可以买股票，但现在也并不想买车。股龄四年，仅有一次卖出经历（清仓其中一只），其余都是买入，长期持有。鸿星尔克暴热的那会儿，也冲进实体店试了一圈，最后还是没有买，因为觉得衣服鞋子暂时够穿。平时出行能坐地铁公交，就不会用滴滴。

感谢您写的有关要对家人慷慨以及回应妻子要求买包的这类文章，在完成购房目标后，我不干涉妻子的消费，也开始学会送礼物。问题是到自己花钱的时候，我就会想到老家爸妈的不容易，小时候没钱的不安感，觉得能省就省，而且经过过去十年的磨炼，已能心随意动，如本能一般。

您曾经写过如何实现财务自由，给出了具体的方案及方法，经过计算，理论上大概在 12 年后我 45 岁时可以达到。新的目标让我在省与不省之间纠结，感觉以自己现在的能力可以放开，但又觉得很多消费没有必要。如我的婚戒一直是一只 70 块的银戒指，不想买新的；我现在完全有能力买车，但觉得好像没有必要，认为这是消费而非投资；我不追逐新款手机，超过 2 500 元的不考虑，手机对我而言最大的功能是通信。佩服那位哪怕埋头拉车，依旧看到曙光的姐姐，我不知道财务自由能否算我的曙光，到时我会不会变得慷慨。

祝好！

一只纠结的兔子

一只纠结的兔子：

你 33 岁达到这个财务高度，非常了不起。

在这个高度不再往前走，我觉得人生倒不算有多大遗憾，这也是中国许多富人人生的顶点：在财务上，安全稳健，复利增长，越来越自由；在心态上，学会了不苛刻家人，让他们享受到了富裕的好处。最后，只是对自己苛刻，不舍得在自己身上花钱，如果不觉得这种状态有何不对，那也无所谓。

但你已经觉得不太对劲，有所怀疑，那可以再往上走，你的顶点更高。

春秋时卫国有个大夫叫公子荆，非常善于治家，以至于得到孔子的称赞。他在家庭还穷的时候，消费态度是将就着拥有；家庭小康时，消费态度是将就着完善；家庭富裕时，消费态度是将就着完美。

公子荆的高明有两点。

一是标准跟着财力改变，穷有穷标准，富有富标准。穷的时候用富标准，那是虚荣、奢侈、不自量力，必然破产。有些人有工作有本事，但一生都穷，就在于穷的时候错用了富标准。富的时候用穷标准，那是吝啬的守财奴，大钱锁小了心量。标准不是死的，它一直在变化，适应变化的标准，才是好标准。所以古人认为权衡机变是学问的最高境界，也就是现在所说的实事求是，具体问题具体分析。

你富起来后，让家人的消费标准全变为富标准，这像公子荆，不过只学了半个公子荆。

要学成整个公子荆，要知道他第二点高明。他在任何一个阶段，都是略低于那个标准，将就着，不超过，这样能享受财富增长的乐趣与实惠，又不会过度消费妨碍继续积累财力。而且这将就着提高是以家庭为单位的，大家在同一条船上，共同升起，不是有人在船上享受，有人在水里受苦。这个共同升起，就是你要提高的点。一家之主，赚钱的主力，他自己坚持穷标准不上船，泡在苦水里，其他在船上的家人是无法指责他的。但你要看到，这让家人陷于两难，他们表现得没一点心理负担，那是没良心，而消费得有心理负担，那是不开心。你不上船，他们其实就还在水里。

你把标准提高，将就着完美。用用好手机，上上好餐馆，有些贵东西，买它们并不是浪费，它们是必要的消费，买来家人的心理健康，他们得以放松、平静、幸福。

祝开心。

连岳

这就是中国人的信仰

2021－09－22

连叔您好：

不记得什么时候关注您的，但每天都在拜读您给读者的各种精练的建议。我最近也遇到一些不顺的事情，想找您倾诉一下。

我是一个普通的水电工，工作踏实勤快，每天上班至少有85%的时间在努力工作，还是那句话说得好，是龙就上天，是虫就下地。我自己也知道，我没有人脉，没有资源可用，只有自己老老实实地干下去才有成家立业的基础，就这样一步一个脚印从小工干到大工再到师傅级别，个中滋味只有自己知道，现在收入一个月1.2万元左右。这几年也在本市（四川的一小城市）买了房子，也装修好了，就等着找个女朋友开启新的生活。

然而今年4月份我妈妈脑溢血住院，当时我还在福建宁德这边上班，急忙以最快速度往老家赶。妈妈被送到我们市最好的三甲医院，主治医生说妈妈的情况没有太大希望，治好了也只能躺床上了。我觉得我该尽最大努力给我妈妈一次求生的机会，还有就是我听二姐说我妈妈在送医过程中坐着轮椅我二姐推不动，她都还在用自己最后的意识和力气帮着转动轮子以减轻我二姐的负担，听到这我眼泪止不住地流，这也是我下定决心一定要给我妈妈做手术的原因。

我妈妈是一个伟大的母亲，从来不愿意多麻烦他人，待人接物都是以最大的真诚。我有两个姐姐，我出生的时候爸爸就死了，听妈妈说她和爸爸是带人去新疆淘金，爸爸算个小老板，就是为了去对面河里看看含金量被淹死了。然后妈妈就带着我们三个娃娃回到老家，靠着养猪、种地、养蚕独自把我们三个养大。我们三个小时候也帮着干农活以减轻妈妈身上的担子。这段时间天天都梦见妈妈，梦见儿时我们一起在田野插秧、一起掰玉米、一起摘茧子的场景，可惜回不到以前了。

妈妈倒下的那一刻我就想好也安排好了，我每个月付三千元给二姐当工资，请二姐照顾妈妈。我二姐是收银员，一个月本来也是两千元左右的收入，这样我既放心妈妈，也不担心影响我二姐的家庭。我二姐夫也没什么闲话说。我就跑外地去上班，这样比在本地工资高一些，就是不能常常看看妈妈，比较遗憾。有时候和我妈妈视频，她现在全身都动不了，也说不了话，只能看见她眼睛转来转去的，只能观察她的面部表情来判断她的想法。有时候她和我视频时表情看起来非常难过，有时候又会流泪，我感觉妈妈好像是怨我不该救她，不该给她做开颅手术（当时她颅内大面积出血只能做开颅手术）。因为做了开颅手术后脑袋会凹下去一部分，而她很爱美的。我不知道我到底做对了还是做错了。

还有就是个人问题，有一个相亲对象，听说这种情况也就跟我拜拜了。我倒觉得无所谓，大不了单身一辈子。我不觉得我妈妈是我的累赘，反倒觉得她是我的守护神，护我周全、保我平安。只是我不甘心，这眼看着就要过上好日子了，妈妈却倒下了，真的好气人。叔您那么睿智，请您为我指引方向。

祝连太连叔：身体健康，笑口常开！

不甘心的人

不甘心的人：

你做对了一切事。对妈妈孝敬，对姐姐尊敬，对工作精进，处变不惊，处事仁义。把你放在中华文明史的任何一个时空，你都是一个对的人。中华民族的形成、传承与壮大，有其生物上的基因，还要有其文化上的基因。这文化基因在一个人身上完美表达是什么样？就像你这样。

中华文明把家的价值看得非常重要、非常关键。这个切入点很好，家比个人大，又是社会与国家的小单元。它比个人大，又有血缘与亲情的天然联结，个人在家庭中不会变成极端的个人主义者，只有自己，没有别人。个人在家庭中容易走出自我，为家人奉献，以此养成换位思考的习惯，“己欲立而立人，己欲达而达人”。家是大社会的小单元，解决的是柴米油盐、衣食住行、婚丧嫁娶、生老病死这些具体的事情，有无尽的烦恼，也必有无力感（无论多聪明、多富裕、多有权势，在死亡面前也是无力的），一个人从这烦恼中生出智慧，从这无力中长出有力，就避免了好高骛远、空谈误事。家是一个中国人成长的最适当的单元，经过磨炼，自由与责任融合在一个人身上。你自由发展，是为了履行责任，不是逃避责任；你履行责任，又要有高质量的自由发展，获得更高的智慧、更大的才能。你妈妈是你的守护神，你也是你妈妈的守护神，这是因为你们都尽到了自己保护家庭的义务。齐家之人，就是中华文明的守护神，与你的职业没有关系，无论你是水电工，还是太空人，都有神力。中国最大的竞争力是什么？就是无数像你一样有责任的人，照顾好了自己的家人，小能为家庭的主心骨，大必能为国家的栋梁——无论命运把你们放在怎样一个位置，是高是低，是富是穷，是隐是显，是龙是“虫”。你们才是这个国家与文明真正的守护神。所以，谢谢你。

妈妈能听见，会眨眼，有表情，那很快可以建立有效的沟通方法（比如眨一次眼表示“是”，眨两次眼表示“否”），你不必太焦虑。她当然怜悯你受苦，但她内心最深处，一定是受到抚慰、得到爱的，为自己有这样的儿子自豪。

拥抱你。

连岳

如果命运逼迫你赢每一天，那就赢吧

2021－09－28

连叔：

您好！

大晚上一个人望着波光粼粼的湖面陷入沉思，不知道在这湖水中结束生命是什么滋味。当有这样的想法时，想起了您曾经说过，自杀是最不负责的做法，自己一走了之，却给家人带来巨大的伤害。是啊，如果我的爸爸妈妈看到从小到大都很懂事乖巧的女儿忽然离开了这个世界，他们该有多么伤心啊！

我是一名硕士研究生，最近生病了，一种慢性病，治不好，一辈子都要打针吃药，这种病导致我的身体变得很虚弱，无法继续读书，最近休学了，准备回家。真的很不甘心，曾经一直相信自己的双手，相信自己的努力可以改变很多东西，可这一次我竟然无能为力。我尝试和疾病作斗争，后来发现我病情加重了，我什么也做不了，每天都是病痛缠身。身体的疼痛我还能忍，内心的痛苦却经常让我号啕大哭。未来会怎么样，我不知道，这种病治不好，还会导致残疾，看着自己的手指一根根变得畸形，看着各种诱发的病症一个个出现，我不知道怎么办了。因为身体很虚弱，做一会儿事情就全身疼痛，病情加重，所以读不了书，以后也不能工作，现在的我处于十分悲观的状态，想到以后自己残疾了，病魔缠身，还要高龄的父母照顾，我就崩溃了。我才二十几岁啊，从小到大我都很懂事，很努力，成绩还不错，未来充满了无限的可能，怎么生活一下子变成这样，我开始抱怨命运。以前我一直不相信命运，总觉得自己可以改变，这一次，我相信命运了。我一直都很善良，乐于助人，我不知道上天为什么要这样对我。现在我还在学校，过两天就回家了，也不知道还该不该回家，该不该留在这个世界上，从来没有这么绝望过，好像掉入了一个黑洞，十分无助。然而，不幸中的万幸，我有一个很好的男朋友，这段时间一直照顾我，陪我去医院，他从来没有放弃过我，积极鼓励我，可我却让他失望了。我不知道怎么办，希望连叔帮帮我，骂骂我也行，我现在很消极、悲观、绝望，每天大把的头发掉落，牙齿日益变黄，和疾病有关的任何一点点事情都会让我时刻放弃希望！

一个陷入黑洞的人

一个陷入黑洞的人：

你的痛苦是他人很难体会的，包括我。一切劝慰都显得无力。在这种时刻，所有认识你的人，尤其是那些爱你的人，你的父母，你的男友，他们又盼望你生出力气。就像你在大水中，你镇静、乐观，就可以活着，而你绝望、悲观，就会死去，一切都靠你的选择，他们却只能看着。当你选择前者，将会温暖他们、激励他们。在大病、大灾、大痛苦中的人，处于力量的两个极端，他们认输，就是最无力者，他们不认输，就是最大力者，这可能就是命运折磨你的意义，它想让你成为最大力者。当你选择成为最大力者，你就不再仅仅是被照顾的病人，你更是输出力量的医生。

坚定地选择活着，活着就有一切可能。当我们生病时，这应该成为最强的信条。现代医学的特点就是进化极快，可能一天进化一代，也可能一小时进化一代，昨天束手无策的病，明天可能就不再棘手。对待疾病，可以用五年后、十年后的眼光藐视它：我的意志力，再加上现代医学的进步，在这个持久战中，终将赢它。

其实，当下你决定好好活着，就开始赢了，这意味着你有常人没有的勇气、意志与坚韧。休学在家也保持节奏，该读的书继续读，该写的文章继续写，该做的学问继续做。人最强大的器官是大脑，大脑在运转，在摄入，在输出，我们就在掌控自己的命运，就这么一天天斗下去，每斗一天就赢一天。

每个人都应该这么过，把今天当成最后一天，只是多数人没有疾病的胁迫，随随便便输掉一天，总觉得今天玩掉又如何呢，今天对家人凶点又如何呢，反正时间多得是，以后可以补救。就这么输掉一天又一天，直到生命的最后一天，才发现自己创造得太少，爱得太少，给予得太少，甚至没有认真思考过严肃一点的问题，一生不过是一场平淡乏味的梦。疾病逼迫你选择高质量、高密度地过每一天，那么，这就是你的人生使命。这使命不是让你作为弱者得到同情与怜悯，而是要你成为强者得到感谢与敬佩。

拥抱你。

连岳

有两个缺陷，人生没有前途

2021－09－29

连叔：

您好。

终于鼓起勇气致信给您，在最近这段黑暗的日子里，十分希望得到您的提点，让我能找寻到一点曙光。

我与男友和连叔同在一个城市，相恋一年。他今年31岁，研究生学历，年收入18万元左右；我今年26岁，普通一本，年收入8万元左右。因为都到了适婚年龄，所以我们还未在一起时，就把自己的情况（家庭情况、收入情况等）都一一跟对方坦白了，之后才下定决心在一起。相恋的一年里，我们相处得十分融洽，从未有过矛盾和争执，我一度认为自己何其幸运，可以找到这样的灵魂伴侣，有相同的作息、相似的饮食习惯，连兴趣爱好都如此一致，回双方老家的距离都不过10分钟，也得到了双方父母家人的祝福。因为抱着想看看是否真的适合结婚的心态，我们同居了半年，同居后我承包了大部分的家务和柴米油盐上的支出，他承担了大部分的房租和恋爱中约会的支出。日出而作日落而息的生活中，我总是尽最大的可能去照顾他，为他添衣，为他煮饭，为他提前准备好需要的东西，甚至连水果都会削好再送到他口中，我一直用当“好媳妇”的心态去面对这段感情，所以我从未觉得疲惫，只觉得这样的“小日子”非常幸福。当我依然沉浸在两个人甜蜜的生活里时，他却突然提出和我分开。

理由是他纠结犹豫了很久，想到以后两家人的生活会非常辛苦，他没有勇气去面对。一来就我们目前双方家里能给的支持，很难在这个城市买到一套不错的学区房，而他又不甘心于保障房，担心以后小孩的学习环境可能还不如自己以前。二来和我在一起，一切都会变得很难，因为我收入不高，以后一旦有房贷、养育小孩、赡养老人的压力，那必然会让他喘不过气，他认为未来的生活不是只有我们两个人的，和我在一起没办法给小孩和老人更优越的生活条件。他完全可以去找一个工资更高、家境更好的女孩子，这样能减少、避免他现在的这些焦虑。

我一直准备和他同甘共苦，共同去创造未来，我始终觉得两个人一起创造的才会更加珍惜，可他说放弃就放弃了。我以为两个人的心心相印可以让他有勇气去面对这些在我看来并非无法解决的困难，可他还是选择了现实。我以为好日子是应该要一点点积累起来的，一下子就想在他乡做到最好的状态谈何容易。

我们分开后的20天里，我几乎夜夜无法入睡，曾经十分乐观向上的我，看到自己这般颓废、疲惫不堪的样子，就非常看不起自己，我心里始终还在等他回头，我期盼着有一天他会想通。爱情在面包面前，原来如此不堪一击。连叔，我到底应该如何是好？

一只想睡觉的猪

一只想睡觉的猪：

你们不是没有面包，只是他嫌面包不够大、不够甜。其实你们起点不错了，厦门房价虽高，但只要两人同心，不求一步到位，从小到大，逐渐升级，少则十年，长则十五年，你们足以应有尽有，而又压力不过大。但要一步到位，奢望通过婚姻解决一生的经济需要，那么，他的面包再大，再加上你削好递到口中的水果，他也会放弃爱情的。这不是你的错，不是房价的错，也不是社会的错，纯粹是他这种人不会有爱情，再好的爱，再好的人，他也理解不了。

一个人有两个缺陷，人生是没有前途的。一是欲速，二是贪小利。欲速则不达，贪小利则大事不成。在恋爱中，发现一个人有耐心、有步骤，慢慢实现计划，无论有没有人监督，绝不贪小便宜，那得珍惜他，他一定能把婚姻与家庭经营好。你前男友刚好相反，既欲速，又贪小利。他不分手，你都得珍惜时间赶紧分手，不要被外形、学历迷惑。

人总要先苦后甜，一点点积累出美好未来。你这个朴素的人生观是没有错的，再过一万年，也不会错，只要人类社会存在，它就正确。人生的富足、幸福、通透，都至少要通过十几二十年的积累才能达到，这才是常态。

原来生产力不发达时，积累一生都未必有富足，可能只有通透，智慧上有成就。现在生产力发达，得到富足的时间变短，可能性极大。为什么焦虑的人还那么多？那是因为人精神上的软弱与无力，与生产力一起被同步放大了。起点再好，也要时间积累，拥有得再多，也总有不确定性，经受不了刺激和挑逗，总有一款焦虑可以贩卖给你，令你惶惶不可终日。没有精神上的坚定与强大，人在什么情况下都不会幸福，穷的时候，害怕得不到，富的时候，害怕会失去。精神有定力，颜回很穷，很快乐，子贡很富，也很快乐。一个人幸福的根基在于精神强大，像你前男友这种毫无精神的人，你即使带着房子和巨款把他买回来，也不会有幸福的。

不过，他可能很快会回头找你。倒不是他想通了，而是家境富裕、收入高的姑娘更不傻，更反感他身上那股不值得爱的异味。他碰壁几次，突然觉得还是你好，挺会伺候他。那个时候，你要有智慧对他喊一声：滚蛋!

祝开心。

连岳